68 Taufansprachen mit Symbolen

Veröffentlichungen von Willi Hoffsümmer im gleichen Verlag

Für die Gottesdienstgestaltung
Bausteine für Familiengottesdienste. Die Evangelien der Sonn- und Feiertage in Symbolen, Geschichten, Spielen und Bildern – Lesejahr A ([3]1998); – Lesejahr C ([2]1995); Bausteine für Familiengottesdienste. Besondere Anlässe im Kirchenjahr … (1996); 3 x 7 Bußfeiern mit Gegenständen aus dem Alltag ([2]1996); Umkehr. 25 Bußfeiern … (1996); 5 x 7 Ideen für Familiengottesdienste durch das Kirchenjahr ([3]2003); Familiengottesdienste für die Lesejahre A–C. Mit Symbolen und Geschichten ([2]2003); 3 x 11 Ideen für Familiengottesdienste durch das Kirchenjahr (2004); 111 Ideen für Gottesdienste und Feiern mit Senioren ([2]2005); Der Natur abgelauscht. 115 Bausteine mit Symbolen für Familiengottesdienste (2005); 35 Ideen für Familiengottesdienste durch das Kirchenjahr (2007); Maria zu loben. Das große Werkbuch für Gottesdienst und Gemeinde (2007); 21 Aufnahmefeiern für Ministrantinnen und Ministranten. Mit Zeichen und Symbolen (2007); 63 Bausteine für Familiengottesdienste in der Advents- und Weihnachtszeit (2007); 17 Bußfeiern mit Gegenständen aus dem Alltag (2008)

Zeichen- und Symbolpredigten
Anschauliche Predigten für Kinder-, Jugend- und Familiengottesdienste ([5]1993); 144 Zeichenpredigten durch das Kirchenjahr. Mit Gegenständen aus dem Alltag ([7]1998); 99 Kinderpredigten ([4]1996); 133 Kinderpredigten ([9]1996); 88 Symbolpredigten durch das Kirchenjahr ([2]1995); 9 x 10 Symbolpredigten durch das Kirchenjahr ([2]1999); 70 Symbolpredigten für Familiengottesdienste durch das Kirchenjahr (2002); 7 x 12 Symbolpredigten für Familiengottesdienste durch das Kirchenjahr (2005); 50 Ansprachen mit Symbolen für Trauergottesdienst und Beerdigung ([3]2006); 33 Predigten über das Wunder der Heiligen Nacht. Mit Geschichten und Symbolen (2008); 2 x 37 Symbolpredigten. Mit Gegenständen aus dem Alltag (2009)

Geschichtensammlungen für die Gemeindepraxis
Kurzgeschichten 1: 255 Kurzgeschichten für Gottesdienst, Schule und Gruppe ([23]2008); Kurzgeschichten 2: 222 Kurzgeschichten … ([15]2008); Kurzgeschichten 3: 244 Kurzgeschichten … ([13]2008); Kurzgeschichten 4: 233 Kurzgeschichten … ([10]2008); Kurzgeschichten 5: 211 Kurzgeschichten … ([7]2008); Kurzgeschichten 6: 155 Kurzgeschichten … ([4]2007); Kurzgeschichten 7: 144 Kurzgeschichten … ([2]2006); Kurzgeschichten 8: 177 Kurzgeschichten … ([2]2008); Mehr als 1000 Kurzgeschichten. CD-ROM ([2]2001); Geschichten als Predigten ([3]1995); In Geschichten das Leben spiegeln. 140 Geschichten für Gottesdienst, Schule und Gruppe ([2]1999)

Geschichtensammlungen als Meditations-, Bildband oder Geschenk
Geschichten wie Schlüssel zum Glück (1998); Geschichten wie Anker der Hoffnung (2001); 365 x Zuversicht. Der Seele Flügel schenken (2003); 365 x Rückenwind. Ermutigungen für jeden Tag (2007); 365 x wolkig bis heiter. Ein Sonnenstrahl für jeden Tag (2008); 77 Herzfenster. Geschichten, die gut tun (2009)

Bücher zu den Sakramenten – mit Geschichten
Geschichten zur Taufe. Topos Taschenbuch 210 ([5]2001); Bußgeschichten. Topos Taschenbuch 99 ([7]1997); Kommuniongeschichten. Brot fürs Leben. Topos Taschenbuch 79 ([19]2002); Firmgeschichten. Hinführung zur Firmung für Jugendliche und Gruppenleiter. Topos Taschenbuch 126 ([9]1998); Und er umarmt dich. Geschichten von Schuld und Versöhnung ([2]2002); Auf dem Weg mit Jesus. Geschichten zur Erstkommunion (2003)

Für Gruppen und Schule
27 Modelle für Gruppenstunden und Religionsunterricht ([2]1997); Religiöse Spiele für Gottesdienst und Gruppen. Band 1 ([6]1994); 77 religiöse Spielszenen für Gottesdienst, Schule und Gruppe ([3]1994); 9 x 9 Spielszenen für Gottesdienst, Schule und Gruppe ([2]1998)

Glaubensvermittlung
Von der Schöpfung, Gott und Jesus erzählen. 100 Ideen für 3- bis 7-Jährige ([3]1998); 3 x 30 Ideen für Gottesdienst, Kindergarten und Grundschule ([2]2003); 2 x 33 Kindergottesdienste für 3- bis 7-Jährige durch das Kirchenjahr (2006); Glaube trägt. Kleiner Katechismus für junge und erwachsene Christen ([13]2007)

Gesamtauflage: über 1.200.000

Willi Hoffsümmer

68 Taufansprachen mit Symbolen

Für verschiedene Lebensalter

Matthias-Grünewald-Verlag

Allen, die sich von Jesus an die Hand nehmen lassen

Der Matthias-Grünewald-Verlag ist Mitglied
der Verlagsgruppe engagement

Erweiterte und veränderte Neuausgabe von
»55 Taufansprachen mit Symbolen. Für verschiedene Lebensalter«

www.gruenewaldverlag.de

Umschlaggestaltung: Finken & Bumiller
Umschlagabbildung: photocase.com/mquadrat
Gesamtherstellung: Matthias-Grünewald-Verlag, Ostfildern
ISBN: 978-3-7867-2749-1

Inhalt

Taufansprachen für Täuflinge im Kindergartenalter

Taufansprachen für Täuflinge im Erstkommunionalter

Taufansprachen für Taufbewerberinnen und -bewerber im Firm- oder Konfirmandenalter

Taufansprachen für erwachsene Taufbewerberinnen und -bewerber

Anhang

Ein Wort zuvor

1. 68 (!) Taufansprachen: Eine große Auswahl. Die »8« gilt als Zahl für die Neuschöpfung des Menschen: in achteckigen Taufbecken und Taufkapellen und achteckigen Türmen zu erkennen.
2. Taufpredigten sollten kurz sein. Wer sich viel vorgenommen hat, bekommt Probleme, falls der Täufling oder ein anderes Kind zu weinen beginnt und keiner etwas versteht. – Wenn Ihnen manche Predigten zu anschaulich erscheinen: Bedenken Sie, dass der Mensch nur etwa 20 % von dem behält, was er ausschließlich hört!
3. Eine Tauffeier sollte schon deshalb eine gewinnende Feier sein, weil die meisten TeilnehmerInnen nach vielen Jahren erstmals wieder eine Kirche betreten. Die Zuversicht im Gesicht der Seelsorgerin/des Seelsorgers ist noch wichtiger als das Einhalten der Liturgie. Wir können die Chance nutzen, ein positives Bild von »Kirche« zu vermitteln, egal, wie sich Menschen vor uns geben.
4. Nicht in jede Predigt alles hineinpacken! So finden Sie die Eingliederung in die Gemeinschaft oder die Bitte, »nach dem ersten Wasserguss an das junge Bäumchen in der Taufe noch weitere folgen zu lassen …«, nicht jedes Mal ausgeführt.
5. Viele Symbole lassen sich bei ganz verschiedenen Anlässen und für ganz unterschiedliche Zielgruppen einsetzen. Hier kommt es darauf an, *wie* sie gedeutet und in welchem Zusammenhang sie verwendet werden. Die Vorschläge in meinen Büchern sind dafür nur Beispiele. Ihrer Phantasie sind da keine Grenzen gesetzt.

Und nun viel Freude beim Erproben, denn die Taufe gehört in allen christlichen Kirchen fundamental mit in die Verkündigung der Frohen Botschaft, weil sie Gottes Liebeserklärung an uns Menschen ist, seine lebenslang ausgestreckte Hand, in die wir nur einzuschlagen brauchen.

Ihr
Willi Hoffsümmer

Abkürzungen

GL	=	Gotteslob, kath. Gebet- und Gesangbuch
L.	=	Leiter oder Leiterin der Liturgie
Tr	=	»Troubadour für Gott« = Liederbuch, zu bestellen beim Kolping Bildungswerk, Sedanstr. 25, D-97082 Würzburg

Taufansprachen für Täuflinge im Säuglingsalter

1. Dürsten nach Liebe

Symbol/Vorbereitung

Ein größerer *Schwamm*; ein kleinerer als Geschenk an die Eltern.

Ansprache

Dieser Schwamm wurde von einem Taucher auf dem Meeresboden abgepflückt. Wasser ist sein Element. Darum dürstet er sein Leben lang nach Wasser.
Wir sind wie so ein Schwamm, auch unser Täufling: Wir dürsten im Leben nach Liebe, Vertrauen und Geborgenheit. Weil wir aus dem Meer der Liebe Gottes kommen und unser Herz unruhig und sehnsuchtsvoll bleibt, bis es sich einmal wieder ganz vollsaugen kann in der Herrlichkeit Gottes. Aber in der Zwischenzeit ist dieses Kind uns anvertraut. Wenn wir seine Sehnsucht nach Liebe nicht stillen, besteht die Gefahr, dass sich Süchte einstellen. Wir sehen ja, wie viel enttäuschte Liebe sich mit Süchten herumschlägt.
Jesus wusste darum: Er nahm Kinder in seine Arme (Mk 10,13–16). Was Sie jetzt mit dem Säugling so oft tun, braucht der Mensch auch später: Einander in die Arme nehmen. »Hättest du mich festgehalten!«, heißt ein Buch, in dem Menschen sich beklagen, dass sie zu wenig ihre Seele in das Wasser der Geborgenheit und der Liebe eintauchen durften und darunter ein Leben lang leiden.
Es gibt natürlich auch das Gegenteil: das Kind ständig unter die Dusche einer »Affenliebe« zu stellen; es durch übertriebenen Beschützerdrang unselbstständig zu machen; einen schwammigen Typen hochzuziehen, der dann unersättlich fordert und oft mit tausend Dingen abgespeist wird.
Aber die Seele liegt in unserem Innern, und sie braucht das reine Wasser der Liebe, das nicht zu kaufen ist.

Wenn ich gleich das Wasser der Taufe, das Wasser des Geistes Gottes über das Köpfchen gieße, dann ist das nur ein Anfang – auch auf dieser Glaubensebene. Und es ist Ihre höchste Aufgabe noch mehr Wassergüsse über den Seelenschwamm Ihres Kindes zu gießen, damit es *innen* lebendig und stark bleibt.
Diesen kleinen Schwamm darf ich Ihnen schenken, damit Sie, wenn Sie ihn einmal benutzen, sich erinnern! (Er kann auch dafür stehen, dass Gott – wenn wir uns einmal verirren – mit dem Schwamm der Barmherzigkeit unsere falschen Spuren beseitigt.)

2. Von der innersten Stärke

Symbol/Vorbereitung
Eine *Babuschka-* bzw. *Matrjoschka-Puppe,* in deren Innern noch viele kleiner werdende Puppen stecken.

Hinweis
Die Ansprache fasziniert alle, weil beim Hinsehen auch noch die Neugierde hinzukommt, wie viele Puppen ausgepackt werden.

Ansprache
Wir wundern uns ja manchmal, wenn wir die Zeitung aufschlagen, wie Lamm *und* Wolf in einem Menschen stecken können. Da wollen wir doch einmal sehen, was alles in Ihrem Kind steckt, das wir gleich taufen möchten.
(Nun holt L. langsam die einzelnen Püppchen heraus und erzählt dabei:)
Dieses freundliche Gesicht könnte der *Engel* sein, der Ihnen später hilft und Sie bereits durch ein kleines Lächeln schachmatt setzt. – O weh, ob auch der *Bengel* drinsteckt, der auf den Boden stampft, mehr Nein als Ja sagt und schon mal ein richtiges Teufelchen sein kann?

Hier das *fröhliche* Kind, das singt und lacht und manchmal ein richtiger Clown ist. Doch plötzlich *traurig* wird, den Kopf auf ihren Schoß legt und weint. Aber Gott sei Dank dann auch wieder lachen kann, wenn noch die Tränen herablaufen.
Mal sehen, was noch in Ihrem Kind steckt! Hier: ein *stilles* Mäuschen, das schmusen möchte und nicht genug Geschichten hören kann, andererseits dann plötzlich *wild* wie ein Tiger wird; mit allerhand Unsinn im Kopf; mit dem Sie richtig schimpfen, um nichts ins Uferlose treiben zu lassen ... (weitere Eigenschaften nennen)
Jetzt wird es wichtig: das letzte Püppchen! *(Langsamer und betonter sprechen:)*
Das letzte Püppchen hier steht für Ihr Kind, wenn wir ihm gleich das Wasser der Taufe über den Kopf gießen. Will sagen: Das soll Ihr Kind sein, das einmal die Hände zum *Gebet* zusammenlegen kann; das Gott vertraut; das sich von Jesus an die Hand genommen fühlt. Dann wird ganz innen seine Angst kleiner, der Mut größer; dann durchwirkt diese innere Stärke auch all die anderen Eigenschaften: macht sie positiver oder gibt Hilfe, das Negative besser in den Griff zu bekommen.
Die Taufe ist die erste Streicheleinheit Gottes in diese Richtung; die Ihrigen müssen dann noch folgen.
(L. legt das innerste = kleinste Püppchen gut sichtbar hin)

3. Von den inneren Schätzen

Symbol/Vorbereitung

Ein *Amethyst* – vielleicht ein kleiner für die Taufeltern.

Ansprache

(L. zeigt die unscheinbare äußere Seite des Amethysts) Jedes Kind ist schön, auch wenn es später vielleicht äußerlich einmal auf andere so unscheinbar wirken mag wie dieser Stein. Doch das Äußere stellt im Leben selten die Weichen, darum zeige ich Ihnen jetzt die innere Seite Ihres Kindes. *(L. zeigt die wunderschöne innere Seite:)* Sehen Sie, welche Schönheit,

welche Pracht! So ist das Innere jedes Menschen: voller Schätze und Talente. Vielleicht spiegeln sich hier die Begabungen der letzten Generationen, die über die Gene weitergegeben werden. Diese Schätze sind uns nicht zum Besitzen geschenkt, sondern zum Weitergeben! Wenn unsere Gesellschaft lebendig und positiv bleiben soll, dann brauchen wir Menschen, die ihre Talente einbringen.

Das ist zunächst Ihre Aufgabe, liebe Eltern: Ihrem Kind die Augen dafür zu öffnen, was alles in ihm steckt, und ihm dann auch Mut zu machen, seine Talente auszupacken. So wie Sie Ihrem Kind dabei helfen, indem Sie Vertrauen aufbauen, so will die Taufe sozusagen »von oben« mitmachen, denn Jesus nimmt das Kind unsichtbar an die Hand, schenkt ihm Nähe und ermuntert es so, seine Schätze weiterzugeben. Die Salbung mit Chrisam ist dabei der zusätzliche Rückenwind des Heiligen Geistes. Wenn Sie Gott dazwischenkommen lassen und Sie selbst Ihrem Kind über die Hürden des Lebens helfen, dann werden wir uns freuen können über ein wertvolles Mitglied in unserer Gesellschaft und einen lebendigen Stein im Bau unserer Kirche.

4. Im Schutz der Eltern und Gottes geborgen

Symbol/Vorbereitung

Eine *Perle* in eine *Muschel* eingeklebt; eventuell für alle. Für L. eine Muschel mit zwei Hälften.

(*Hinweis:* Urlauber am Atlantischen Ozean bitten, Herzmuscheln mitzubringen)

Ansprache

Sie halten eine Muschelhälfte mit eingeklebter Perle in der Hand – als Geschenk für diesen Tag und um sich später zu erinnern. Ich habe hier die *beiden* Hälften einer Herzmuschel, die zusammengefügt *(L. tut es)* ein Herz erkennen lassen.

Ihre Herzen, liebe Eltern, haben sich zusammengetan und daraus ist ein kostbarer Schatz gewachsen, die Perle, Ihr Kind. Es kommt darauf an,

diesen Schatz zu behüten, darum braucht ein Kind zwei Elternteile, wenn das gelingen soll. Immer, wenn der Vater oder die Mutter fehlt – sagen die Psychologen –, stellen sich seelische Gefährdungen für das Kind ein; obwohl manchmal ein Kind bei einem allein erziehenden Elternteil besser aufgehoben ist als in einer Ehe mit ständigem Streit.
Heute sind Sie hier, um *noch* einen Schutz um Ihr Kind zu legen: So wie die beiden Muschelhälften das Kind behüten, so sollen sich die großen Hände Gottes um Ihr Kind legen, wenn Ihre Arme zu kurz werden, es zu erreichen. Das sagt etwas von dem aus, was Taufe will. Ihr Kind soll auch in einer Gemeinschaft derer groß werden, die etwas von Jesus und Gott halten. Denn draußen ist von christlicher Überzeugung oft wenig zu spüren.
Sie wissen, wie durch die Lippen der Muschel die Nahrung eingesogen wird. Das Kind wird alles aufnehmen, was ihm begegnet. Das ist nicht immer förderlich, und Sie müssen eine Schneise in den Urwald der Angebote schlagen, wenn Ihr Kind nicht überfordert sein soll. Wir haben schon genug Kinder, die nichts mehr aufnehmen und behalten können. Wenn Sie möchten, dass Ihr Kind auch ein Gespür für die schützende Hand Gottes erhalten soll, müssen Sie ihm davon erzählen; Ihre großen Hände um die kleinen Hände Ihres Kindes beim Gebet legen; es dahin führen, dass es auch die Bedeutsamkeit des Gebetes und des Liedes ahnen kann; es muss vor allem spüren, dass Sie selbst eine Menge davon halten.
Dann wird sich eines Tages das Kind aus Ihrer Muschel lösen, um ein guter Mensch und ein überzeugter Christ zu sein – eine Perle für unser Miteinander.

5. Vom gesunden Wachstum

Symbol/Vorbereitung

Ein *Lebensbäumchen* als Geschenk.
Eine kleine Gießkanne, mit der die Kinder Wasser ans Bäumchen gießen können; eventuell Blätter zum Anhängen mit Wünschen/Fürbitten.

Ansprache

Dieser kleine Lebensbaum soll heute eingepflanzt werden. Vielleicht steht der Täufling später einmal darunter und weiß: Das ist *mein* Baum, das bin ich!

Ein Kind in die Welt setzen ist wie einen Baum pflanzen. Jetzt kommt es darauf an, dass der Baum gesund wachsen kann! Zuerst braucht er genügend Wasser: Der Grundwasserspiegel der Liebe und der Geborgenheit darf nicht zu weit absinken. Er braucht auch die Fürsorglichkeit anderer Menschen. Als Zeichen dafür können sich jetzt die jüngeren Kinder die kleine Gießkanne holen und ein bisschen Wasser an das Bäumchen gießen: Wir lieben dich, N. N., und wünschen, dass du größer wirst.

Mit Wasser hat auch die Taufe zu tun. Der Guss heute über das Köpfchen des Kindes, d. h. an Ihr Bäumchen, genügt alleine nicht. Es muss immer wieder ein Kreuz auf die Stirn bekommen, die großen Hände um seine kleinen beim Beten spüren und später die Worte Gottes wie lebendiges Wasser aus dem Brunnen Gottes erfahren, sonst können die Wurzeln vertrocknen.

Das Bäumchen braucht aber, um stark zu werden, auch die Sonnenstrahlen von oben: das Vertrauen, die Zuneigung, die Verzeihung, den Zuspruch. Wie soll es sonst im Schneesturm einer Hoffnungslosigkeit, im Frost der Ungeborgenheit und in den Gefahren des materiellen Borkenkäfers gesund bleiben? Gottes Barmherzigkeit ist ihm sicher. Aber es braucht auch die Hilfe der Paten, der Großeltern, der Erzieher, um einmal Früchte tragen und uns in seinen Schatten aufnehmen zu können.

Jesus sagt: Bleibt mit mir verbunden wie der Weinstock mit den Reben, und ihr werdet sehen, wie die Früchte reifen. Auch schon beim Propheten Jeremia heißt es: »Wer auf Gott vertraut, ist wie ein Baum, der am Wasser gepflanzt ist. Er hat nichts zu fürchten, wenn die Hitze kommt; auch in einem trockenen Jahr ist er ohne Sorge« (Jer 17,7–8).

Wenn wir jetzt Blätter an den Baum hängen, bitten wir Gott für ihn um gutes Wachstum und für uns und alle Menschen, dass wir gute Bedingungen dafür schaffen.

SIEHE AUCH DIE PREDIGT »EIN BÄUMCHEN PFLANZEN« NR. 31.

6. Du bist zeitlebens verantwortlich

Symbol/Vorbereitung

Postkarte mit einem *Spatz in der Hand*. Zu bestellen als Groh-Postkarte F 2618 beim Verlag Butzon & Bercker, D-47623 Kevelaer, Tel. 0 28 32/92 92 96, Fax /929-212.

Auf dieser Karte steht unter dem Bild ein Text von Arno Pötzsch: »Du kannst nicht tiefer fallen als nur in Gottes Hand … «

© SCHREMPP, GROH VERLAG, WWW.GROH.DE

Ansprache

Wer ja zu einem Kind sagt und es eines Tages auf den Händen halten darf, kann sich von ganzem Herzen über dieses größte Gottesgeschenk freuen. Selbst hart gesottene Männer sollen bei der Geburt des Kindes »weich« werden und etwas fühlen, was sie nie für möglich gehalten hätten. Aber jetzt sind die Eltern auch zeitlebens dafür verantwortlich. Die Großeltern werden mir Recht geben: Auch sie fühlen sich noch für einen Enkel oder Urenkel mitverantwortlich.

Sie sehen auf der Postkarte, wie sehr sich ein kleiner Spatz in die Hand kuschelt. Auch wenn Ihr kleiner Spatz einmal laut und frech wird, sucht er ab und zu Ihre Nähe, um wieder Kraft und Vertrauen zu schöpfen.

Wie schön wäre es, wenn selbst das erwachsene Kind weiß: Es gibt für mich immer einen Zufluchtsort, an dem mir nie die Tür zugeschlagen wird: Das sind meine Eltern.

Natürlich kann es Augenblicke im Leben geben, da sind die Eltern weit weg oder es hat vorübergehend Gewitter gegeben, die noch in der At-

mosphäre hängen. Da ist die offene Hand, die Geborgenheit und Versöhnung signalisiert, sehr fern oder wird nicht mehr gesehen.
Darum geben Sie Ihren Spatz heute in eine größere Hand als die Ihre – nämlich in die Hand Gottes. Jesus hat uns angeboten: »Kommt doch alle zu mir« (Mt 11,28)! In der Taufe nimmt er Ihr Kind an die Hand, und wenn es sein muss, in seine Hand, damit es nicht abstürzt. Aber Sie müssen das Ihrem Kind auch sagen, was uns da in Jesus angeboten ist; am besten: Sie leben es vor, dass jeder fallen kann, aber nie aus den Händen Gottes.
So dürfen Sie heute ein wenig Sorge abgeben in diese Hand Gottes, die auch für Sie immer offen ist.

7. Eingezeichnet in die Hand Gottes

Symbol/Vorbereitung

Eine große *Hand*: Der Vater umzeichnet seine Hand (weil er eine größere hat), schneidet sie aus und klebt sie auf leichte Pappe. Vor Beginn trägt jeder sich mit Namen um oder in die Hand ein. Bunte Stifte.

Ansprache

Die große Hand hier, in die sich schon viele Verwandte und Freunde eingetragen haben, kann eine schöne Erinnerung an die Taufe werden. Denn das Leben fällt uns leichter, wenn wir mit Freunden unterwegs sind.
Auch Gott möchte den Menschen ein Freund sein. So steht schon das großartige Wort im Alten Testament: »Sieh her. Ich habe dich eingezeichnet in meine Hände« (Jes 49,16)! Diese Hand also ein schwaches Abbild der großen Hand Gottes, aus der wir nicht fallen können, wenn wir das nicht wollen.
Aber das schien Gott zu wenig zu sein. Er sandte seinen Sohn auf diese Erde, damit wir auch sichtbar seine Liebe spüren können. Dieser Jesus hat Kinder in den Arm genommen (Mk 10,13–16) und hat ausdrücklich gesagt: »Niemand kann euch meiner Hand entreißen« (Joh 10,29). Und

wie zur Besiegelung hat er seine Hand am Kreuz durchbohren lassen, um das mit seinem Blut zu bezeugen.
Diesem Jesus geben wir dich, N.N., in der Taufe an die Hand. Sie hält dich, wenn du stolperst; sie hebt dich auf, wenn du gefallen bist; sie will dich führen ins eigentliche, ins ewige Leben. Darum zeichne ich jetzt das Christuszeichen mit Rot in diese ausgeschnittene Hand (das Kreuz oder besser das ☧), und Sie, liebe Eltern und Paten, erzählen ihm später davon.

8. Schenk dem Kind Flügel

Symbol/Vorbereitung

Ein *Schmetterling* zum Aufkleben oder für jede(n) einen Plastik-Schmetterling (als Brosche). Den Spruch mit einer entsprechenden Grafik gibt es auch als Postkarte Nr. 2222 im Kunstverlag Maria Laach, D-56653 Maria Laach, Tel. 0 26 52/5 93 81, Fax -/5 93 86.

Ansprache

Ein Sprichwort aus China lautet: Wenn die Kinder klein sind, gib ihnen Wurzeln. Wenn sie groß sind, gib ihnen Flügel!
Die Wurzeln geben Sie Ihrem Kind, indem Sie ihm Geborgenheit schenken. Nur im liebevollen Gehaltensein wächst im Kind ein Vertrauen, das es für ein ganzes Leben stark macht.
Heute sind Sie hierher gekommen, um ihm schon Flügel zu schenken. Sie wissen hoffentlich, dass im Menschen in den drei ersten Jahren alles grundgelegt wird; da dürfen wir nicht bis zur Pubertät warten oder bis zum Herauslösen aus dem Elternhaus, um ihm Flügel fürs Leben zu geben.

1. Um immer wieder an die wichtigen Flügel erinnert zu werden, schenken wir dem Kind (und zur Erinnerung allen) einen Schmetterling. Als Raupe musste er mühsam auf Stummelfüßen im Staub und in den Gefährdungen unserer Welt seinen Weg suchen. So kommen Zeiten, in denen sich auch Ihr Kind nicht über die Hürden wagt oder

sich enttäuscht krümmt und nicht weiterwill. Da braucht es Flügel, die eine zusätzliche Hilfe sind, über Hecken, Zäune und Abgründe hinwegzuschweben.

Die Taufe möchte diese Flügel wachsen lassen. In ihr nimmt nämlich Jesus das Kind an die Hand und will ihm zeigen, wie das geht: Es muss im Vertrauen auf Gott sein Herz über die Hürde werfen und sich dann »nur« hinterherwagen; wie mit Flügeln, die besagen: Im Vertrauen auf Gott kannst du sogar Berge versetzen, alles wagen. Diese Flügel sind jetzt erst im Ansatz da; wie die Zähnchen, die wir noch nicht sehen. Das Kind muss auch wenigstens an einem Elternteil/Erziehungsberechtigten oder Paten sehen, wie das mit dem Vertrauen auf Gott geht. Da liegt Ihre große Berufung, liebe Eltern und Paten. Sie umfasst eine noch größere Aufgabe, als dem Kind eine gute Ausbildung zu geben. Denn womit würde ihm geholfen, wenn es einmal an einem Abgrund steht: mit einer guten Ausbildung oder mit Flügeln fürs Leben?

2. So will der Schmetterling uns sagen: Glaube dem Wunder der Verwandlung! Wenn du manchmal noch so sehr deine Stummelfüße zu spüren bekommst, wenn du dich schmerzgekrümmt weiterbewegst, dann vertrau darauf: Das ist nicht alles. Jesus Christus hat uns durch seine Auferstehung schon aus unserem Raupendasein errettet. Wenn deine Mühen zu Ende gehen, dann fängt das eigentliche Leben erst an.
3. Diese Weitsicht kann ungeahnte Kräfte freisetzen, liebe Eltern und Paten. Darum schenken Sie diesem Kind Flügel! In der Taufe jetzt beginnen sie sich zu entfalten. Ob sie stark genug werden, ein Leben lang zu tragen, liegt auch in Ihren Händen.

9. Im Schutze Gottes

Symbol/Vorbereitung

Ein *Engelbild* in der Kirche, auf einer Karte, als Anhänger ...

Ansprache

Wir können nicht verhindern, dass Ihr Kind später einmal auf dem Schulweg von unangenehmen Fremden angesprochen oder von Mitschülern drangsaliert wird. Wir stehen in einer Welt, in der Erbschuld – Sie erinnern sich noch an das Wort »Erbsünde« – spürbar wird und manches Gemeine und Boshafte offenbar von Generation zu Generation weitergetragen wird. Da braucht das Kind einen Schutz, den Schutz Gottes. Deshalb tragen Sie Ihr Kind heute zur Taufe.
Jeder Mensch hat einen Schutzengel. Das ist christlicher Glaube. Und der Schutzengel dieses Kindes wird sich sicher freuen, dass es jetzt in der Taufe unsichtbare Flügel bekommt: weil es auf Gott vertrauen und sich in Jesus an die Hand genommen fühlen darf.
In Psalm 91 heißt es: Er befiehlt seinen Engeln, dich zu behüten (Vers 11f). Engel sind die verlängerten Arme Gottes. Darum stört es mich nicht, wenn manche einen Engel als Beschützer an der Halskette tragen – damit ist letztlich Gott mit seinen schützenden Händen gemeint, die er über und unter uns breiten will.
»Es müssen nicht Engel mit Flügeln sein ...« heißt es in einem Gedicht. Damit sind wir gemeint, die diesen Schatz hier behüten dürfen und Vorsorge treffen müssen, dass das Kind in Geborgenheit und Vertrauen aufwachsen kann.
So darf ich auch am Ende der Taufe folgenden Segen über das Kind aussprechen:

> Der Engel Gottes sei vor dir, um dir den rechten Weg zu zeigen.
> Der Engel Gottes sei neben dir, um dich in die Arme zu schließen;
> um dich zu schützen vor Gefahren.
> Der Engel Gottes sei hinter dir, um dich zu bewahren
> vor der Heimtücke des Bösen.

Der Engel Gottes sei in dir, um dich zu trösten,
wenn du traurig bist.
Der Engel Gottes umgebe dich wie eine schützende Mauer,
wenn andere über dich herfallen.
Der Engel Gottes sei über dir, um dich zu segnen.
So segne dich der gütige Gott –
heute und morgen und immer!

10. Gesalbt für ganz Großes

Symbol/Vorbereitung
Ein Gefäß mit *Chrisam*.

Ansprache
Die Wohltat einer Salbe hat wohl schon jeder erfahren. Aber es gibt keine wie diese. *(L. zeigt das Chrisamgefäß)* Sie hat auch einen besonderen Namen: die Chrisam-Salbe, in der dem Olivenöl noch Balsam, ein aromatischer Stoff, beigemischt wurde.
Von diesem Chrisam, mit dem Ihr Kind gleich gesalbt werden soll, gibt es im Alten Testament eine wunderbare Geschichte: Da soll der Prophet Samuel einen neuen König salben. Als er sich die sieben Söhne der auserwählten Familie angesehen hat, spürt er: So groß und stark und klug sie jeweils auch erscheinen, das sind nicht die Richtigen. Und dann holen sie den Kleinsten vom Schafehüten, den David, und der wird zum neuen König gesalbt (1 Sam 16,1–13).
Wir dürfen über die Maßstäbe Gottes staunen: Den Kleinsten macht er groß. Das ist schon eine starke Aussage, wenn ich gleich den Kopf Ihres Kindes mit Chrisam bezeichne: Selbst der Kleinste kann zu Großem berufen werden! Diese Salbung macht ihn stark für seinen Auftrag, ruft in ihm wach, was Gott in ihn hineingelegt hat: Wir kennen ja den Kampf des David gegen den Riesen Goliat. Ihr Kind erhält die Salbung zum Kampf gegen das Böse – es begegnen uns heutzutage ja immer mehr Goliats!

An dieser Stelle steht in der Heiligen Schrift auch: Der Prophet Samuel nahm nicht nur eine kleine Salbung vor mit dieser Salbe, er goss ein ganzes Füllhorn über David aus. Gottes Hilfe wird ihm in *ganzer* Fülle bei seiner Aufgabe zuteil, König, Priester und Prophet zu sein.
Diese Salbung mit Chrisam spielt bei uns in der Firmung noch einmal eine Rolle. Welche Menschenwürde hat der Getaufte und Gefirmte!: Er kann gestärkt hinter Christus hergehen, den wir den Gesalbten nennen – um allem zu wehren, was unsere schöne Erde zerstören kann.

11. Vom Duft der Rose

Symbol/Vorbereitung
Ein Schälchen mit *Rosenöl.*

Ansprache
Es gibt eine Blume, die liebende Menschen ein ganzes Leben begleiten kann. Sie war wohl auch schon in Ihrem Brautstrauß, liebe Mutter?! – Ja, es ist die Rose.
Was fasziniert so an ihr?: die Schönheit, die Wärme und Zärtlichkeit, die von ihr ausgehen? Vielleicht auch der Duft, den Rosen aus dem Garten noch oft verströmen? Dieser Duft weckt die Sehnsucht nach Mehr.
Dieses »Mehr« ist in Ihrem Kind in Erfüllung gegangen. Wir ahnen: Es kommt aus einer für uns unbegreiflichen Welt; es ist ein Wunder, das kostbarste Geschenk, das ein Mensch in seine Hände gelegt bekommen kann.
»Du bist für deine Rose verantwortlich«, sagt der Fuchs zum Kleinen Prinzen in dem wunderschönen unsterblichen Büchlein von Antoine de Saint-Exupéry. Damit ist zuerst der geliebte Mensch gemeint, zu dem Sie Ja gesagt haben, auch wenn manchmal die Dornen der Rose zu spüren sind.
Jetzt ist noch eine wunderschöne Rose hinzugekommen. Und wieder heißt es: Du bist zeitlebens für deine Rose verantwortlich.
Es bleiben aber die Gefahren dieser Welt, die der Rose zu Leibe rücken können oder das Leben schwer machen. Darum wird Ihr Kind gleich mit

einer Salbe gesalbt, die einmalig ist auf dieser Erde: mit Chrisam. Darin steckt das Wort Christus, der Gesalbte. Diese Salbe stärkt Ihr Kind gegen das Böse und kennzeichnet es als von Gott in besonderer Weise ausgewählt, seine Talente in diese Welt zu bringen. Liebes Kind: Geh einfach hinter Christus her, dem Gesalbten.
Bei dieser Salbung mit Chrisam möchte ich Ihr Kind von Ihnen, liebe Eltern, zusätzlich mit Rosenöl salben lassen. Damit Sie immer Freude haben an dem, was von diesem Kind ausgeht. Und ich weiß, die Großeltern und viele von Ihnen werden das Kind heute auch um dieses Rosenduftes willen einmal in die Arme nehmen und schnuppern. Auch ihr seid für die Rose verantwortlich!
Noch ein letzter Gedanke: Wenn Ihr Kind einmal groß ist und Sie einen Dom besuchen, dann zeigen Sie ihm das gewaltige runde Fenster nach Westen, das so genannte Rosenfenster. Die Kreisform will nicht nur an eine Rose erinnern, sondern an das ganze Weltall. Und in der Mitte ist in der Regel Jesus Christus dargestellt, oft mit seiner Mutter. Wenn Sie Ihr Kind richtig erziehen möchten, dann führen Sie es diesem Jesus entgegen, aus dessen Kraft und Nähe Sie jetzt schon leben können.

(Nach der Chrisamsalbung erfolgt dann die Salbung des Kindes mit Rosenöl durch Eltern und Paten und …)

12. Die Tür zum Reich Gottes aufschließen

Symbol/Vorbereitung

Ein schöner *Schlüssel* – er mag für alle unten genannten Schlüssel stehen.

Ansprache

(Um den Taufstein können abgebildete Schlüssel hängen, oder jüngere Kinder malen solche aus.)

In der Taufe schließt uns Jesus die Tür zum Reich Gottes auf. Damit wir nicht vergessen, was für ein großes Geschenk das ist, habe ich diesen Schlüssel mitgebracht, der uns an einige andere Schlüssel erinnern kann.

1. Zunächst an einen *Briefkastenschlüssel*. So klein er ist, so wichtig kann er sein. So stand vor einiger Zeit in einer Zeitung: »Dortmund. – Voller Schreck stellte H. Meiser fest, dass seine Frau den Briefkastenschlüssel mit in ihren Urlaub genommen hatte. Er kam nicht an die Post heran. Also schrieb er seiner Gattin, ihm doch umgehend den Schlüssel zu schicken. Sie tat es. Jetzt steckt auch noch der Brief mit dem Schlüssel im Briefkasten.«
   Ohne den Briefkastenschlüssel erreichen uns wichtige Mitteilungen gar nicht. Der Briefkastenschlüssel kann also symbolisch für das Bemühen stehen, die Zusage Jesu zu vernehmen, dass Gott es gut mit uns meint und uns nicht verloren gehen lassen will. Dazu muss ich die Bibel aufschlagen, mich im Gebet öffnen oder am Gottesdienst als Hörender teilnehmen.

2. Dieser Schlüssel kann an den Schlüssel erinnern, mit dem sich *Handschellen* aufschließen lassen. Die Handschellen stehen symbolisch für die Sünde und Schuld des Menschen, sich Gott zu verschließen oder ohne die Maßstäbe Gottes zu leben. Christus ist der Schlüssel, uns aus all den Abhängigkeiten vom Bösen, von schlechten Gewohnheiten und von der Macht der Sünde zu befreien.

3. Der Schlüssel erinnert an einen *Autoschlüssel*. Ohne ihn komme ich nicht einmal ins Auto hinein. Welche Schubkraft entwickelt er, wenn er als Zündschlüssel alle PS-Kräfte freisetzt! So will uns der Glaube an Jesus Christus in Bewegung setzen, zu den Menschen und zu Gott.

4. Auch an einen *Hausschlüssel* darf ich denken: Er lässt uns in die Geborgenheit einer Wohnung eintreten und zu Hause sein. Erst wer

diesen Schlüssel verloren oder vergessen hat, weiß, in welche Schwierigkeiten er dadurch gerät.

Seit der Taufe will uns Christus an die Hand nehmen, damit wir die Nähe Gottes deutlicher spüren und uns bei ihm geborgen fühlen.

Christus hat uns durch Tod und Auferstehung alle Türen geöffnet. Wir dürfen uns über den freien Zugang zu Gottes Liebe freuen – jetzt und am Ende der Zeit.
Diesen Schlüssel hat Jesus Christus der Kirche zur Verwaltung übergeben, als er den Jüngern sagte: »Alles, was ihr auf Erden binden oder lösen werdet, wird auch im Himmelreich gebunden oder gelöst sein« (Mt 18,18)! Darum taufe ich jetzt im Namen dieser Gemeinschaft.
(Vielleicht wird zum Andenken ein alter Schlüssel überreicht: ein bronzierter größerer zum Aufhängen oder ein winzig kleiner, den der Täufling später am Halskettchen oder Schlüsselbund trägt.)

(GEKÜRZT NACH MATHIAS GÖTZ, D-75223 NIEFERN-ÖSCHELBRONN)

13. Vom »Blumengarten« Kirche

Symbol/Vorbereitung
Ein Tütchen mit *Blumensamen*, eventuell für alle.

Ansprache
Wir freuen uns, dass Sie Ihr Kind ganz bewusst in die Gemeinschaft der Kirche einbringen möchten. Sie hätten es ja auch selbst im Kreise Ihrer Freunde im Wohnzimmer taufen können; denn *jeder* Mensch kann gültig taufen!
Im Garten Kirche blühen schon vielerlei »Blumen«: Da gibt es Rosen, die in Werken der Liebe Duft verströmen; da gibt es Sonnenblumen, die wie wärmende Strahlen der Sonne wirken; da gibt es Gänseblümchen, die man übersehen kann, die aber mit frischen Augen sehr fleißig immer zur Stelle sind; da gibt es Veilchen, die ganz Treuen. Jetzt könnte ich noch

lange fortfahren. Da gibt es tränende Herzen, aber auch stolze Lilien; ja – auch die Brennnesseln und Kakteen will ich nicht vergessen.
Jetzt schenken Sie unserer Gemeinschaft die Mitgliedschaft Ihres Kindes. Wir wissen noch nicht, welcher Blumensamen da auf die Wiese unseres Miteinanders gelangt. Aber wir haben für Sie, liebe Eltern, diese(s) Tütchen mit Blumensamen zum Austeilen und zur Erinnerung ausgewählt: Vielleicht säen Sie davon aus in Ihren Vorgarten oder auf dem Balkon und können die Blumen Ihrem Kind später zeigen oder von heute erzählen …
Ich möchte Ihnen jedoch auch noch eine Geschichte mit auf den Weg geben: Da waren Eltern im Traum unterwegs und betraten einen Laden. Hinter der Theke stand ein Engel. Sie fragten ihn: »Was verkaufen Sie denn hier?« »Ach!«, sagte der Engel, »alles, was Sie wollen.« »Oh«, sagte der Vater, »dann wünschen wir uns für unser Kind, dass es gesund bleibt, die Schule und Ausbildung schafft, einen Arbeitsplatz findet und sich eine gute Existenz aufbaut. Es muss sich durchsetzen können, ehrlich und strebsam sein und alles, was einen guten Menschen ausmacht.« Die Mutter fuhr fort: »Es soll auch Freunde finden, ein Mensch mit Herz werden, teilen können – auch mit den Ärmsten der Armen, einen guten Lebenspartner finden, als überzeugter Christ leben und …« Da fiel ihr der Engel ins Wort: »Entschuldigen Sie, liebe Eltern, Sie haben mich falsch verstanden. Wir verkaufen hier keine Früchte, sondern nur den Samen.«
Der erste Guss gleich mit gesegnetem Wasser über den Kopf des Kindes und damit auch auf die Wiese der Gemeinde kann nicht alles sein. Wenn Sie wollen, dass dieser Same aufgeht, müssen Sie immer wieder gießen. Dann erhoffen wir für Sie und für uns die Freude an der Frucht Ihrer Liebe.

14. Mit Gott verbunden

Symbol/Vorbereitung

Ein *Regenbogen* ist vor den Altar geheftet. Eventuell ein aufklebbarer Regenbogen für alle.

Ansprache

Der Regenbogen verbindet Himmel und Erde, ist eine Brücke zwischen Himmel und Erde. Wer getauft ist, darf sie betreten, steht in besonderer Weise im Bunde mit Gott (Gen 9,14–17).

Wir schauen einmal, was uns die Farben alles sagen können: Oben steht *Rot*, die Farbe des Feuers und der Liebe. In das Feuer des Heiligen Geistes ist der Täufling gestellt. Ohne Liebe bleibt unser Leben trostlos.

Bei der Farbe *Orange* denken wir an Orangen oder an den Sonnenuntergang. Wir wünschen dem Täufling Gesundheit und Zeit zum Träumen, wenn die Sonne über dem vollbrachten Tagewerk untergeht.

Bei der Farbe *Gelb* tauchen wir in die Strahlen der Sonne ein oder sehen die wogenden Weizenfelder. Mögen die Sonnenstrahlen immer auch das Herz finden und unserem Land gute Bedingungen schenken, dass alle satt werden und noch teilen können.

Grün tut den Augen gut. Bäume und saftige Wiesen sollen uns Hoffnung schenken. Es ist eine starke Regenbogenfarbe, denn sie trägt die oberen drei und hält die unteren. Die Hoffnung soll im Täufling nie untergehen.

Das *helle Blau* erinnert an die Farbe des Himmels und an Vergissmeinnicht. Heute ist es das Leben spendende Wasser, das dich, liebes Kind, für den Himmel vorbereitet. Mögest du Jesus und deine Familie nie vergessen!

Das *Indigoblau* weckt die Erinnerung an den Enzian, an Glaube und Vertrauen und an die Treue. Gott hält sein Wort – wie sieht einmal *deine* Antwort aus?

Zuletzt das *Violett* – wie Veilchen und Flieder. Es ist die Farbe des Warten-Könnens und des Verzeihens. In diesem Zeichen werden dir auch einmal die Sünden vergeben. Mögest du ein Mensch werden, der leicht verzeihen kann.

Liebe Eltern! Der Regenbogen ist eine zweiseitige Angelegenheit: Gott steht zu uns. Aber auch wir sollen für Gott Partei ergreifen. Jedenfalls steht der Regenbogen über dem Leben von N. N., damit er/sie in jeder Schlechtwetterperiode an das Hoch glauben kann.

15. Die Botschaft der Osterkerze

Symbol/Vorbereitung

Die *Osterkerze;* eventuell eine kleine für alle Kinder ab vier Jahren.

Ansprache

Die Osterkerze steht immer in der Nähe des Taufbrunnens. Aber heute haben wir sie noch mehr ins Blickfeld gestellt, um ihre Botschaft wahrzunehmen.

1. Die Kerze, die Jesus darstellt, zeigt uns die roten Dornen. Wunden und Schmerzen bleiben auch N. N. in ihrem/seinem Leben nicht erspart. Aber diese Kerze zeigt den, der Schmerz, ja den Tod überwunden hat. Dem geben wir dich an die Hand.
2. Die Kerze wäre immer noch makellos, wenn wir sie an Ostern und danach nicht entzündet hätten. Diese und jede Kerze erfüllt erst ihren Sinn, wenn sie brennt, leuchtet, wärmt und sich verzehrt. Wer ausschließlich auf sein eigenes Glück schaut, der liegt sozusagen nur schön im Karton und lässt keinen an sich ran, er verfehlt sein Leben und kann letztlich sein Glück nicht finden.
   Darum, liebe Kinder, liebe Patin, entzündet jetzt eure Kerzen am Licht Jesu Christi, der in die Welt kam, um Licht zu sein (Joh 8,12), und der möchte, dass auch wir die Welt heller machen (Mt 5,14).
   Eventuell Liedruf: Du bist das Licht der Welt (Tr 1078)
3. Die Lichter, die von der Osterkerze her ihren Sinn und ihre Leuchtkraft haben, begegnen uns im christlichen Lebenskreis noch öfter: in

der Kommunionkerze, in der Kerze des Firmlings, in der Ehekerze, in der Kerze am Bett des Sterbenden, im »Ewigen Licht« am Tabernakel, im Grablicht. Immer strahlen sie dann die Botschaft aus: Es gibt ein Licht, das alle Nacht durchbricht. Wir dürfen uns immer in seinen Lichtkegel stellen. Das wünschen wir auch N. N., den/die wir im Namen Jesu eben getauft haben.

16. Die Jahresringe um die Mitte legen

Symbol/Vorbereitung

Eine kleine *Baumscheibe*, eventuell zum Umhängen.

Ansprache

Der Mensch gleicht dem Baume: Er ist mit der Erde verwurzelt, steht aufrecht, streckt seine Arme/»Äste« zum Himmel, bringt Früchte und bricht irgendwann einmal zusammen.
Von einem Baum stammt diese kleine Baumscheibe, und wir können gewissermaßen in sein Inneres sehen.
Mit Blick auf Ihr Kind, das Bäumchen, das nun in unserer Welt wachsen und gedeihen will, darf ich sagen: Die inneren Ringe sind die wichtigsten!: Sie müssen gesund, abgehärtet und doch elastisch sein, damit das junge Bäumchen in den Stürmen des Lebens nicht zu brechen droht. – Was könnten die innersten Ringe für dieses Kind bedeuten?:
Es muss in einer Atmosphäre aufwachsen, in der es sich geborgen fühlt. Wenn Sie es liebevoll an sich drücken, erfährt das Kind, dass es gewollt und gehalten ist. Es muss sich ja einmal selbst lieben können, und das geht nur über diese Annahme und das Festgehaltensein, das bis in die Seele ausstrahlt.
Die innersten Ringe brauchen aber auch bald das Gefühl, dass sie ebenso von Gott gehalten sind. Diese kleine Antenne im Kind lassen Sie wachsen, wenn Sie Ihre großen Hände um die kleinen Kinderhände legen und Ihren »Schatz« gewissermaßen den großen Händen Gottes anvertrauen.

Sie spüren ja, wie Sie dem Kind alleine auf die Dauer nicht genügen können.
Darum haben Sie es heute hierher gebracht: Wir gießen gleich an die Wurzeln des Kindes Wasser, den ersten Guss, der sagen will: Da nimmt dich einer an die Hand, damit du im Leben nicht die verzweifelte Angst des Alleingelassenseins haben musst, die die Seele zerfrisst. Jesus will als Weggefährte in guten und bösen Tagen mitgehen, wenn der Mensch es zulässt.
In dieser doppelten Geborgenheit, die Sie immer wieder durch »Wassergüsse« lebendig halten müssen, wachsen dann die Liebe, das Vertrauen, die unzerstörbare Hoffnung, die auch die späteren Jahresringe durchdringen. So kann keine Trockenheit oder Fäulnis den Baum bedrohen. Das schenkt auch die Kraft, die äußerste hauchdünne Schicht unter der Rinde, das so genannte Kambium, das immer wieder neu einen Jahresring bildet, im Vertrauen auf Gott und die eigenen Kräfte entstehen zu lassen.
Legen oder hängen Sie diese kleine Baumscheibe irgendwohin, dass immer wieder Ihr Blick darauf fällt und Sie sich daran erinnern: Die innersten Jahresringe sind die wichtigsten. Und das sind die ersten Lebensjahre Ihres Kindes!

17. Vom Ring, der rettet

Symbol/Vorbereitung

Ein kleiner *Ring* für den Täufling.

Ansprache

Zuerst war ich überrascht, aber bei Taufen von italienischen Kindern habe ich schon manchmal einen kleinen Ring segnen dürfen, der für den Täufling bestimmt war. Die Eltern konnten mir nie so recht eine Erklärung für gerade dieses Taufgeschenk geben. Sie folgten einfach einem alten Brauch. Aber der könnte Folgendes aussagen:

1. Liebes Kind! In der Taufe wirst du mit Gott verbunden. Der Ring ist ja rund und so ein Kreis steht als Symbol für Gott (Dreifaltiger Gott = drei Kreise ineinander). In guten und in bösen Tagen kannst du dir jetzt aus dieser Verbindung Kraft und Zuversicht holen.
2. Wenn dich in der Taufe Jesus an die Hand nimmt, legen wir gewissermaßen einen Rettungsring um dich. Wir Eltern können ja nicht immer unsere schützenden Hände über dich halten. So vertrauen wir, dass Gott dir beisteht, wenn du in den Fluten des Lebens einmal unterzugehen drohst.
3. Liebes Kind! Wir wissen nicht, was kommt. Vielleicht drehst du einmal Gott oder einem Menschen so den Rücken zu, dass es wehtut. Da sollst du wissen: Es gibt einen Ring der Vergebung. Selbst wenn du ganz unten angekommen sein solltest, wenn du dich wie ein verlorener Sohn (oder eine verlorene Tochter) fühlst, darfst du dich wieder aufmachen und zu Gott zurückkehren; denn Gott ist barmherzig. In der schönsten Geschichte, die Jesus erzählt hat (Lk 15,11–24), steckt er dem wiedergefundenen Sohn den Ring des Verzeihens an den Finger, der ihn wieder in alle Rechte des Sohnes einsetzt: Welche Barmherzigkeit Gottes! Du darfst also an allem zweifeln, auch an dir, aber nie an der Barmherzigkeit Gottes. Darum segne ich jetzt diesen Ring …

18. Mit Wasser getauft

Symbol/Vorbereitung

Ein mit *Wasser* gut gefülltes Taufkännchen und die Taufschale.

Ansprache

(L. nimmt das Taufkännchen) Danke für das Wasser, eine Gabe des Himmels. Ohne Wasser gäbe es kein Leben auf der Erde. Auch Ihr Kind brauchte neun Monate das Fruchtwasser, um heranzuwachsen. Das Wasser begleitet uns ein Leben lang, um uns zu erneuern und alles Schädliche herauszuspülen.

(L. nimmt die Taufschale hinzu) Ich gieße etwas Wasser in die Schale, wie später, wenn ich drei Güsse über den Kopf Ihres Kindes gieße – im Namen des Vaters und des Sohnes und des Heiligen Geistes. Aber diese Güsse genügen nicht, wenn das Vertrauen auf Gott im Kinde wachsen soll. Die Taufe ist der erste Guss an das Bäumchen, der besagt: Du kannst dich immer an Gott festhalten. Aber wie ein Bäumchen immer wieder getränkt werden will, so braucht auch das Kind immer wieder religiöse Rituale: das Kreuzchen auf der Stirn, Ihre großen Hände um die kleinen beim Beten, das Erzählen von Gott, das Betrachten der Bilder in einer Kinderbibel, das Erschnuppern dieser Luft hier, wenn Sie vor einem Kreuz oder Marienbild eine Kerze anzünden; vor allem aber braucht es Ihr Vorbild, dass Sie selbst auch aus diesem Vertrauen leben und es Ihnen wichtig ist, dies an Ihr Kind weiterzugeben.
Wieder gebe ich einen Wasserguss in die Schale, und Sie dürfen sich erinnern, dass der Mensch ja dem Wasser gleicht:
Wenn Ihr aufgewecktes Kind von immer mehr Quellen gespeist wird, ist es bald ein munterer Bach, der in der Jugendzeit keine Angst hat, sich als Wasserfall Felsen herunterzustürzen. Langsam wird dann Ihr Kind ruhiger und kann als Fluss sogar bittere, schmutzige Zuflüsse verkraften; es lernt zu tragen, muss noch viele ins Boot laden; wird irgendwann selbst getragen und fließt schließlich breit und erfüllt in den Ozean Gottes. Des Menschen Leben gleicht dem Wasser. Und im Ozean Gottes dürfen wir uns dann verwandeln für das ewige Fest.
Noch ein Guss in die Schale, der dem Staunen dient: Welche Verwandlungskraft hat das Wasser – als Schnee, Eis, Dampf, ja unsichtbar verdunstet aufsteigend in eine Wolke. Wenn wir nichts von diesen Möglichkeiten wüssten, wir würden sie nicht für möglich halten. Das deutet an, was Gott kann und in seiner Schöpferkraft will: Wir sollen diese Welt mit unseren Wassergüssen verwandeln, zur Vorstufe des Paradieses machen, das Reich Gottes sichtbar werden lassen – bis Gott uns verwandelt, um himmelfähig mit einem neuen Körper, einer Seele mit Flügeln ins ewige Licht einzutauchen.
Im Symbol des Wassers taufen wir jetzt. Wasser: eine göttliche Gabe – und was die Phantasie uns alles vom Wasser erzählen kann.

19. Taufe – mehr als ein Tropfen auf den heißen Stein

Symbol/Vorbereitung

Ein *Glastropfen.*

Ansprache

Diesen Wassertropfen aus Glas möchte ich Ihnen, liebe Eltern, zur Erinnerung an die Taufe Ihres Kindes schenken. Vielleicht hängen Sie ihn, geschmückt mit einem Band, gut sichtbar am Fenster zwischen den Blumen auf. Und wenn Ihr Blick darauf fällt, dann mögen Sie sich wenigstens an einen der folgenden fünf Gedanken erinnern:

- Daran, dass es ohne Wasser kein Leben gibt; so wuchs dieses Kind geschützt in der Fruchtblase der Mutter auf: Wasser als Bedingung allen Lebens.
- An die Tränen und Sorgen, die auf Sie warten, wenn Sie Ihr Kind mitfühlend begleiten; es wird aber auch immer wieder Freudentränen geben. Mit einem Kind leben Sie intensiver.
- An die vielen Aufgaben und Mühen um Ihr Kind: Sie dürfen sie aber nicht wie Tropfen auf den heißen Stein gegenüber den negativen Umwelteinflüssen sehen, sondern als stete Tropfen, die den Stein höhlen können.
- An die Tropfen im Wasser der Taufe, die Ihr Kind ganz eng mit Jesus verbindet. Um es in der Sprache des Wassers zu sagen: Jetzt kann Ihr Kind wie ein kleiner Fisch hinter dem großen Fisch Jesus Christus herschwimmen, der im Meer dieser Welt den Weg zum Vater kennt.
- An den Tropfen Wasser, den der Priester bei der Gabenbereitung der Heiligen Messe in den Kelch mit Wein gleiten lässt. Ein solcher Tropfen sind wir: Wir können unsere kleine menschliche Kraft und Liebe mit der großen Kraft und Liebe Gottes in Jesus Christus (= der Wein) verbinden. – Vielleicht wird dieses Kind einmal Ministrantin/Ministrant und das im Dienst am Altar selbst nachvollziehen.

So möchte uns die Taufe sagen: Sie ist mehr als ein Tropfen auf den heißen Stein, weil Jesus jetzt an der Seite des Kindes steht.

(NACH FELICITAS HESTERMANN)

20. Besiegelt mit dem Kreuz

Symbol/Vorbereitung

Ein *Siegel*, möglichst mit einem Kreuz darauf.

Ansprache

Mit diesem Siegel besiegele ich alle wichtigen Schreiben und Beschlüsse. Mit einem Siegel wird eine Aussage bekräftigt. Ihr habt schon bei Tieren ... ein eingebranntes Siegel entdecken können. Jeder weiß dann: Aha, dieses Tier gehört dem und dem Besitzer. Früher wurde den Sklaven oft auf der Stirn oder dem Arm ein solches Zeichen eingebrannt. Oder auch anders: Ein Stempel auf der Hand gilt als »Eintrittskarte« für eine Veranstaltung.

Gleich zum Beginn der Taufe bezeichnet der Priester die Stirn des Taufbewerbers mit einem Kreuz: Eltern und Paten zeichnen es nach. Das will sagen: Der Gekreuzigte ergreift im Sakrament der Taufe Besitz von diesem Kind. Es gehört ihm jetzt für Zeit und Ewigkeit. Jeden Abend und Morgen kann jetzt die Mutter oder der Vater mit einem Kreuz auf die Stirn das Kind »versiegeln« und denken: »Du bist getauft, mein Kind. Möge der dich beschützen, dem du gehörst!« Bis das Kind selbst einmal sagen kann: »Ich bin getauft. Christus ist mein Herr. Ich gehöre ihm.«

Wenn ihr zur Kirche hereinkommt und mit geweihtem Wasser das Kreuz über den ganzen Leib macht, ist der Sinn derselbe. Auch die drei kleinen Kreuze vor dem Evangelium auf Stirn, Mund und Herz bedeuten: Ich bin besiegelt durch Jesus Christus, der stärker ist als Not und Tod.

Warum sollten Eltern dieses Zeichen nicht auch setzen vor Beginn einer Reise, vor einer längeren Trennung, ja selbst, wenn das Kind aus dem Hause geht?

(VERKÜRZT UND VERÄNDERT NACH BALTHASAR FISCHER)

21. Sieben Flammen in jedem Menschen

Symbol/Vorbereitung

Sieben Kerzen auf einem Leuchter, die von der Osterkerze her entzündet werden.

Ansprache

In diesem Kind, das wir getauft haben, mögen jetzt diese sieben Flammen brennen. Sie gehen aus von der Osterkerze, von Christus, unserer Sonne:

Die *1. Flamme* soll uns an die Sonne am Himmel erinnern: Ohne sie würden wir alle nicht leben. Zu ihrer Wärme fühlen wir uns hingezogen. Du sollst eine kleine Sonne werden, die Güte ausstrahlt, in deren Nähe sich alle wohl fühlen können.

Die *2. Flamme* symbolisiert Gott, dessen milliardenfach sprühender Funke in allem brennt, was lebt – bis in den Himmel, bis in die Abgründe: Du bist ein Abbild Gottes und bist gerufen in sein Licht, zu dem jeder Mensch aus aller Dunkelheit und Verirrung zurückkehren kann.

Die *3. Flamme* soll uns an die Liebe Christi erinnern. Mutige, feurige Worte und Taten brauchen wir von diesem Menschen. So kann alles, was Menschen trennt, verbrennen.

Die *4. Flamme* ist die Leidenschaft. Sie erfasst den ganzen Leib und lässt die Seele in Flammen stehen. Dieses Kind möge mit flammendem Eifer für das Leben in dieser Welt eintreten, ohne selbst ein Opfer dieser Leidenschaft zu werden.

Die *5. Flamme* ist die von Hunger und Durst. Der Hunger nach Gerechtigkeit sei wie ein Feuer, das kalte Herzen schmelzen lässt. Sein Durst nach Gerechtigkeit sei wie ein Feuer, das vom Meer der Gleichgültigkeit nicht auszulöschen ist.

Die *6. Flamme* ist die Flamme der Musik. Wir wünschen dir, N. N., diese Musik in die Ohren, um sie zu hören; in den Mund, um sie froh hinauszusingen; in die Füße, um dich freizutanzen.

Die *7. Flamme* ist die Flamme der Hoffnung, die nie in dir verlöschen möge; denn ohne Hoffnung gibt es nicht den täglichen Neubeginn.

So hoffen wir alle, liebe Eltern, dass Ihr Kind ein Mensch wird, aus dem die Flammen schlagen und die Funken sprühen: Ein Lichtspiel, an dem wir alle unsere Freude haben.

(NACH EINEM TAUFLIED VON HUUB OOSTERHUIS)

22. Damit das Lebensgemälde gelingt!

Symbol/Vorbereitung

Ein Päckchen *Buntstifte* und ein »Tintenkiller«.

Ansprache

Es wird nicht lange dauern, dann wird Ihr Kind solche Buntstifte in die Hand nehmen und sich im Malen versuchen. Wir kennen die ersten ungelenken Zeichnungen, die wir aber lange aufhängen, weil diese Versuche uns berühren und wir dem Kind auch zeigen möchten, dass wir seine Malerei ernst nehmen, ja lieben.

So darf ich diese Farbstifte jetzt symbolisch ausdeuten. Vielleicht bewahren sie das Päckchen vorerst auf und erzählen es dem Kind später weiter:

Am wichtigsten ist im Lebensgemälde die Farbe der Liebe. Vielleicht hat deshalb auch unser Blut die Farbe *Rot*. Ohne Liebe kommen wir bei den Menschen und bei Gott nicht an. So sagt denn Jesus auch: »Liebe Gott und die Menschen neben dir. Das ist das wichtigste Gebot!«

Hier die Farbe *Blau* – blau wie das Wasser: Sie steht für Vertrauen, Glaube und Treue. Das Wasser der Taufe ist auch blau und will ausdrücken: Vertrau auf Gott! Lass dich von Jesus an die Hand nehmen, dann fällt dir die Treue zu ihm und zu den Menschen viel leichter.

Jetzt könnte ich noch mehr Farben deuten: das *Gelb* der Sonne, ohne die wir erfrieren; das *Grün* der Hoffnung, die dir nie ausgehen möge; das *Violett* des Verzeihens, das einen Neuanfang möglich macht.

Besonders möchte ich aber auf diesen Stift hinweisen, der mit seinem *Weiß* manchen Kleckser in unserem Leben unsichtbar macht. Und das will auch die Taufe sagen: Es gibt den unsichtbaren Allerhöchsten, der

Schuld und Sünde abwaschen will und dir immer wieder einen Neuanfang schenken kann.

So wünschen wir dem Kind, das wir gleich taufen: Dein Lebensgemälde möge gelingen!

(L. überreicht die Stifte den Eltern)

WEITERE GEEIGNETE ANSPRACHEN FÜR TAUFEN IM SÄUGLINGSALTER IN DIESEM BUCH:

NR. 24, 29, 30, 33, 35, 36, 39–41, 45–52, 54, 55, 59–65.

23. In die Fußstapfen Jesu treten

Symbol/Vorbereitung

Vier *verschieden große Fußabdrücke* aus Pappe stehen zur Verfügung. Nebenstehende Grafik vierfach vergrößern und die vier verschieden großen Füße ausschneiden. Die kleinsten Fußspuren werden den anwesenden Kindern ausgehändigt.

Ansprache

(L. zeigt zunächst stumm die drei verschieden großen Fußabdrücke, die noch geblieben sind. Dann zeigt er den jetzt kleinsten Fußabdruck [die anwesenden Kinder haben den noch kleineren])

Das, liebe Eltern, könnte der Fußabdruck Ihres Kindes sein. Schneller, als Ihnen vielleicht lieb ist, krabbelt es umher und wagt die ersten Schritte. Nach welchen Gesichtspunkten lassen Sie es dann wohin laufen?

(L. zeigt den Fußabdruck des Erwachsenen) Das könnte Ihr Fußabdruck sein, liebe Eltern! Ein Kind lernt bis zu 90 % durch Nachahmen. Sie merken es auch an seiner Sprache bis in die feinen Nuancen hinein. Es liest an Ihren Schritten, an Ihrer Stimme ab, was gut und gewollt oder böse und gefährlich ist. Zunächst braucht das Kind einen festen Standpunkt für sein Leben, bevor es seinen eigenen sucht. Welchen Standpunkt wollen Sie ihm vorleben?

(L. zeigt den übergroßen Fußabdruck Jesu) Jesus hat gesagt: »Komm, folge mir nach!« (Lk 9,23–27) und »Ich bin der Weg, die Wahrheit und das Leben« (Joh 14,6)! Sie haben Ihr Kind hierhin gebracht. Jesus lädt Sie ein,

ihm zu folgen. Weil Jesus unsichtbar ist, liegt es in Ihrer Hand, dem Kind den Weg Jesu zu zeigen. Ihr Vorbild, liebe Eltern und Paten, ist für Ihr Kind überlebenswichtig, wenn es ein überzeugter Christ werden soll! Unsere Gemeinschaft der Christen, in die Ihr Kind heute aufgenommen wird, will Ihnen dabei helfen. (Nach Martin Auffarth)
Um diese Gemeinschaft sichtbar zu machen, darf ich jetzt alle Kinder bitten, ihren Fußabdruck um diese drei Fußumrisse zu legen. Gemeinsam sind wir stark. Dann macht das Beten und Singen noch mehr Freude.

24. Die Liebe Gottes ist ausgegossen über dieses Kind

Symbol/Vorbereitung
Ein *Herz* für jeden – als Kerze, Aufkleber …

Ansprache
Wir alle haben ein Herz als Andenken an den heutigen Tag in Händen – es ist auch auf der Taufkerze zu sehen …
Vielleicht denken wir schmunzelnd ein paar Jahre weiter, wenn der Täufling zum ersten Mal ein Herz auf den Schulhof malt oder als Jugendlicher in einen Baum ritzt …, denn dann tritt er in den Kreislauf ein, in dem auch wir alle stehen.
Ein Herz kommt so häufig vor, dass wir vergessen könnten, es in Ehrfurcht zu betrachten. Das Herz des Menschen ruht normalerweise in einem Winkel von 23 1/3 Grad in unserer Brust; das ist genau der Winkel, den auch die Erdachse einnimmt! Ist das nicht zum Staunen? Verrät das nicht die Handschrift eines Anderen, in dessen Namen wir jetzt zusammengekommen sind?
Von diesem Anderen wird im Buch der Bücher, in der Heiligen Schrift, gesagt: »Die Liebe Gottes ist ausgegossen in unsere Herzen – durch den Heiligen Geist, der uns gegeben ist« (Röm 5,5)! Taufe hat etwas mit Gießen und mit Heiligem Geist zu tun: Gleich bekommt also das Kind den Guss der Liebe Gottes über sein Köpfchen. Früher begnügten sich die

Christen da nicht mit ein paar Tröpfchen Wasser. Und noch heute wird der Täufling in der griechisch- und russisch-orthodoxen Kirche dreimal ganz unter Wasser getaucht – im Namen des Vaters und des Sohnes und des Heiligen Geistes. Er wird also symbolisch ganz in die Liebe Gottes gebettet.

Unruhig, sagt der Kirchenvater Augustinus, unruhig ist unser Herz, bis es ruht in Gott – also wieder zu seinem Ursprung zurückkehrt.

Bei der Taufe dürfen wir auf ein Herz schauen, das Gott, der ganz Andere, uns in seinem Sohn geschenkt hat. Dieses Herz steht offen – gewaltsam mit einer Lanze geöffnet. Aber Jesus hat ja freiwillig zugestimmt, sein Leben ganz für die Menschen zu verströmen. Oft wird dargestellt, wie von der Seitenwunde Jesu Ströme des Lebens ausgehen, ein Gemisch aus Blut und Wasser, das von einem Kelch aufgefangen wird (Joh 19,34).

Jetzt halte ich gewissermaßen das Taufkännchen in diesen Lebensstrom. Vom Herzen Gottes soll dieses Kind gleich etwas zu spüren bekommen, damit sein Herz stark wird für die Liebe. Der Kreislauf, von dem wir alle leben!

25. Im Zeichen der Sonnenblume

Symbol/Vorbereitung

Für jedes Kind ein *Blütenblatt* für eine Sonnenblumenscheibe. Es gibt auch viele schöne Postkarten mit Sonnenblumenmotiven. Da könnte auf die Rückseite ein Tütchen mit Sonnenblumenkernen geklebt werden, die die Kinder zu gegebener Zeit im Kindergarten oder zu Hause einpflanzen können – um sich zu erinnern.

Ansprache

Es gibt eine Blume, die schaut fast immer der Sonne ins Gesicht und sieht selbst aus wie eine kleine Sonne. Na, wovon spreche ich? Ja, die Sonnenblume soll uns heute bei der Taufe von N. N. helfen. Zuerst lege ich den Blütenboden *(vielleicht mit Kernen beklebt)* einer Sonnenblume

auf den Boden. Jetzt dürft ihr eure kleinen Blütenblätter an diese Scheibe legen. Nur N. N. muss noch warten, bis er/sie getauft ist.
Das sieht jetzt schon schön aus. Die Sonnenblume steht für alle, die sich haben taufen lassen und die jetzt immer wieder auf die Sonne blicken, auf Jesus. Wie wir das ja auch singen:
Liedruf: Du bist das Licht der Welt, nur Refr. (Tr 1078)
Eine junge Sonnenblume kann den ganzen Tag die Strahlen der Sonne trinken! Sie wendet ihre Blüte immer der Sonne zu: morgens nach Osten, mittags nach Süden und abends nach Westen. Wir Menschen schauen in eine andere Sonne, wenn wir beten, d. h. mit Jesus sprechen, oder ihm hier unsere Lieder singen. Dann trinken wir auch seine Strahlen. Breitet mal die Hände gegen die Sonne und singt mit mir:
Lied: Gottes Liebe ist wie die Sonne (Tr 5)
Die Blüte sieht noch schöner aus, wenn gleich N. N. getauft ist und noch sein/ihr Blütenblatt hinzufügt!

26. Im Zeichen der Sonne

Symbol/Vorbereitung

Für jede(n) einen *Sonnenstrahl*, darauf können auch die Namen der Kinder stehen; eine passende große Sonne.

Ansprache

(L. legt die Sonne hin:) Wir danken Gott für die Sonne. Ohne die Sonne wäre unsere Erde ein Eiskeller: ohne Leben. In Jesus ist unserer Welt auch eine Sonne aufgegangen (Joh 8,12: Ich bin das Licht der Welt). Wir haben von seiner Liebe und Güte gehört, die er verschenkte bis ans Kreuz.
Liedruf: Gottes Liebe ist wie die Sonne (Tr 5)
Jesus möchte, dass seine Liebe und Wärme noch weiterwirkt – bis in die letzten Winkel hinein. Darum hat er uns gerufen, die Welt heller zu machen. In der Taufe wurden wir seine Sonnenstrahlen.
(Jetzt legen die Kinder ihren Sonnenstrahl an die Sonne)

Heute wollen wir N. N. taufen. Wir geben ihn Jesus, der Sonne Gottes, an die Hand. So wird er auch ein Sonnenstrahl. Er kann seinen Strahl auch an die Sonne legen ... Nun liegt sein Sonnenstrahl mitten unter unseren Strahlen und wir können zusammen die Welt noch heller und wärmer machen (Mt 5,14: Ihr seid das Licht).
Das wollen wir gleich tun. Zuerst aber schauen wir noch einmal auf die Sonne Jesus und singen:
Liedruf: Du bist das Licht der Welt, nur Refr. (Tr 1078)

27. Im Symbol Swimmy-Fisch

Symbol/Vorbereitung

Jedes Kind bringt einen buntbemalten *Fisch* mit. Alle Fische werden in einen mit einer roten Kordel angedeuteten Riesenfisch gelegt. Ein schwarzer Fisch bildet das Auge des Riesenfisches = Swimmy. Ein Auferstehungsbild, als Auge zurechtgeschnitten, wird bei der Erzählung auf Swimmy gelegt. Bis auf den Täufling legen alle beim Hereintreten ihren Fisch in die Umrisse des großen Fisches.

Ansprache

Ihr kennt sicherlich die Geschichte von Swimmy. So hieß ein kleiner schwarzer Fisch, der mitansehen musste, wie ein grimmiger Thunfisch alle seine kleinen roten Freunde mit einem einzigen Maulaufreißen verschlang.
Da hatte er eine Idee: Wenn alle kleinen Fische, die noch leben, sich zusammentun und die Form eines großen Fisches annehmen, dann wären sie noch viel größer als die größten Fische. Die kleinen Fische waren einverstanden. Sie brauchten nur noch ein Auge, damit die Tarnung stimmte. Da wurde Swimmy ihr Auge. *(L. legt den schwarzen Fisch als Auge in den Umriss)* Jetzt wagte keiner mehr, den aus kleinen Fischen bestehenden Riesenfisch zu belästigen.

(NACH LEO LEONNI)

Etwas Ähnliches hat sich auch Jesus gedacht. Es gibt ja viele, die lachen über alle, die von Jesus begeistert sind. Darum hat Jesus damals schon gesagt: Tut euch doch zusammen! Ich bin das Auge *(L. legt das Auge mit der Darstellung des Auferstandenen über Swimmy)*! Mit mir seid ihr stark! Deshalb haben wir auch so eine große Kirche gebaut: Damit hier alle spüren können, dass wir viele sind, die sich um Jesus scharen. In der Taufe wurdet ihr in den Jesus-Fisch aufgenommen. Gleich, wenn N. N. getauft ist, darf sie/er seinen Fisch auch in den Jesusfisch legen. Dann gehört sie/er in unsere große Gemeinschaft! Dann ist unser Schwarm noch größer!

28. Unter dem Schutzmantel Gottes

Symbol/Vorbereitung

L. trägt einen (blauen/roten) *Chormantel*.

Ansprache

So einen großen Mantel habt ihr schon gesehen: beim Sankt Martin, beim heiligen Nikolaus, bei Maria, der Mutter Jesu. Auf alten Bildern sieht man manchmal, dass sehr viele Menschen sich unter den ganz großen und weiten Mantel der Muttergottes geflüchtet haben und daraus hervorschauen. Jetzt dürfen einmal einige Kinder kommen und sich unter meinen Mantel stellen … Seht ihr, nun steht ihr warm und beschützt; ihr braucht keine Angst zu haben. Wenn jetzt einer käme und hätte mit euch Böses im Sinn, dann würde ich für euch kämpfen. – Jetzt dürft ihr wieder gehen und andere dürfen einmal das Gefühl der Geborgenheit haben … Seht ihr, jetzt kann kein Unwetter euch treffen, kein kalter Wind, der euch eine Erkältung bringen kann. Ihr seid geschützt und nicht allein, sondern zusammen mit all den anderen.
Diesen Schutzmantel Gottes wünschen sich eigentlich alle Menschen. Einer hat das mal in einem Gebet (= Psalm) beschrieben: Ich möchte unter dem Schutz des Höchsten stehen (Ps 91,1–4). Das wünschen die Eltern auch für ihr Kind. In der Taufe stellen wir es unter den Schutz Gottes. Hier wünschen wir ihm Geborgenheit und Freude.

Wenn das Kind gleich getauft ist, dann darf ich der Mutter mit ihrem Kind einmal kurz den »Mantel Gottes« umhängen, damit wir alle sehen können: Jetzt steht N. N. unter dem Schutzmantel Gottes, ein Leben lang – solange es will.

29. In Gottes Hände gelegt

Symbol/Vorbereitung

Die abgebildete *Postkarte* für jeden. Die Karte von Sieger Köder ist als Nr. SK 251 beim Schwabenverlag, Senefelderstraße 12, D-73769 Ostfildern erhältlich: Tel. 07 11/44 06-165, Fax /44 06-177 Internet: www.schwabenverlag.de (Staffelpreise); auch als Andachtsbild (vierseitig) Nr. 876 D, im Rottenburger Kunstverlag Ver Sacrum, D-72108 Rottenburg, Tel. 0 74 72/30 11/36 48.

© SIEGER KÖDER, IN GOTTES HÄNDEN

Ansprache

1. Zuerst dürfen wir in den beiden großen Händen auf der Postkarte die Nestwärme eines schützenden und bergenden Zuhauses sehen. Wenn das Kind in einer solchen Atmosphäre aufwächst, die ja schon im Mutterleib begann, kann es ein Leben lang stark sein. Wir wissen darum, wie wichtig die ersten Lebensjahre in solch einer Atmosphäre sind; fehlende Geborgenheit in der frühen Lebensphase kann später sehr schwer wieder gutgemacht werden.
2. Schauen Sie, wie offen, froh und angstfrei das Kind ins Leben schaut! Jesus hat Kinder in die Mitte gerufen, sie in den Arm genommen und gesegnet (Mk 10,13–16). Sie, liebe Eltern und Paten, sind

seinem Ruf gefolgt und möchten das Kind in der Taufe auch Jesus an die Hand geben und es segnen lassen.

3. Deshalb dürfen wir noch einmal auf diese großen Hände sehen: Ein Menschenkind braucht den Glauben an Gottes schützende und bergende Hände. Die Regenbogenfarben auf diesem Bild wollen signalisieren: Du stehst jetzt im Bunde mit Gott.

Darum, liebe Eltern, ist es Ihre Aufgabe, Ihrem Kind von diesem liebenden Gott zu erzählen, der sich in Jesus geoffenbart hat. Es soll spüren: Gott lässt dich nicht allein! Er ist immer für dich da! Wie Jesus auch verkündet: Niemand kann euch meiner Hand entreißen (Joh 10,29). So zeichnen wir in der Taufe Ihr Kind in die Hände Gottes (Jes 49,16)!

30. Gott nimmt dich an die Hand

Symbol/Vorbereitung

Ein Foto oder eine *Postkarte*: Eine große Hand hält eine kleine Hand. Erhältlich als Postkarte bei Fotokunst Groh Nr. 1/8666 mit dem Text von A. de Saint-Exupéry »Kinder müssen mit großen Leuten Nachsicht haben.« *Oder:* »Bleib sein Kind«, Order-Nr. 490811, von Dorothea Steigerwald, als Motiv K 81 im Brendow-Verlag, D-47443 Moers, Tel. 0 28 41/80 90, Fax 0 28 41/9 77 61 30. *Oder* als Postkarte bei Ars Imaginis, © Kunst und Bild GmbH, D-10969 Berlin, unter der Bestell-Nr. 20780, als Doppelkarte mit Umschlag Nr. 19780; als midi-karte mit Umschlag Nr. 18780. Tel. 030/6 16 57 03 30, Fax 0 30/6 16 57 03 46.

Ansprache

Wir sehen auf der Postkarte eine große Hand, die die kleine des Täuflings hält (bei Steigerwald: … ein Kind, das sich in eine große Hand schmiegt). Dieses Wunder, das kostbarste Gottesgeschenk an einen Menschen, ist zunächst ein armes Würmchen, das ohne unsere Zuwendung schnell sterben würde. Das meine ich nicht nur in Hinblick auf Nahrung, sondern auch auf der anderen Ebene: Es braucht unseren Körperkontakt, unsere liebevolle Zuwendung und das sichere Gefühl des Gehaltenseins, um Geborgenheit zu spüren, damit langsam das Vertrauen zum Leben wächst. Sie kennen sicher das grausame Experiment eines Königs, der, um die Ursprache des Menschen herauszufinden, jede Zuwendung an einige ausgewählte Säuglinge verboten hatte – außer, dass sie zu essen und zu trinken bekamen. Was geschah: Die Kinder verkümmerten und starben!

Umgekehrt erfüllt die Zuwendung auch Sie als Eltern mit Glück und mit einem Lebenssinn, von dem all die nichts ahnen, die wegen der finanziellen Nachteile auf Kinder verzichten oder sich aus anderen Gründen weigern, welche zu bekommen.

Wir schauen wieder auf die große Hand. Sie, liebe Eltern und Paten, spüren vielleicht schon, dass Sie bei allem guten Willen dem Kind doch nicht immer genügen können, weil Ihre Arme manchmal zu kurz sind – spätestens wenn es in ein paar Jahren immer öfter Ihre Hand loslässt, z. B. wenn es zur Schule geht. Darum geben Sie es heute auch noch in die Hand eines anderen, in die Hand Gottes, damit ihm von dort Geborgenheit zufließt: in guten und in bösen Tagen.

Wir hören dazu eine schöne Meditation über die Hand des Kindes, die der Eltern und die Hand Gottes:

Es sagte einmal die kleine Hand zur großen Hand:
Du, große Hand, ich brauche dich, weil ich bei dir geborgen bin.
Ich spüre deine Hand, wenn ich wach werde
und du mich an dich drückst.
Du hilfst mir, die Welt zu begreifen und aufzubauen
und meine ersten Schritte zu versuchen:

Ich darf zu dir kommen, wenn ich Angst habe.
Ich bitte dich: Bleibe in meiner Nähe und halte mich.

Es sagte die große Hand zur kleinen Hand:
Du, kleine Hand, ich brauche dich!
Ich darf mich von deinem Lächeln anstecken lassen.
Mit dir entdecke ich neue wunderbare Dinge.
Ich spüre deine Wärme und weiß,
wie sehr du auf mich angewiesen bist.
Mit dir will ich wieder bitten und danken lernen.
Ich bitte dich: Bleibe in meiner Nähe und halte mich.

Es sagte einmal die große, unsichtbare Hand:
Du kleine und große Hand, ich brauche euch,
um meine Liebe und Nähe weiterzuverschenken.
Ihr helft mir, dieser Welt neue Hoffnung zu geben.
Ihr könnt zu mir kommen, wenn ihr Angst habt.
Ihr könnt nie aus meiner Hand fallen,
weil ich euch eingeschrieben habe in meine Hände.
Ich bitte euch: Bleibt in meiner Nähe. Ich halte euch!

(ERWEITERT NACH GERHARD KIEFEL)

31. Ein Bäumchen pflanzen

Symbol/Vorbereitung

Für jeden eine gebastelte *Eichel* in ca. 10 cm Größe, auf der der Name des Kindes steht, aber auch Tag, Datum und Taufkirche auf der Rückseite.
Wenn mit Kindergartenkindern: Alle erhalten eine Eichel oder einen Setzling zum Einpflanzen.

Ansprache

Ihr Kind gleicht einem Bäumchen, das auf diesem immer noch schönen blauen Planeten gepflanzt wurde. Dafür sind wir sehr dankbar. Nicht nur, dass es uns einmal Schatten spenden und Früchte schenken wird, es kann auch gleichsam nebenbei unsere schlechte Luft verbessern und das Grundwasser halten.

Es gibt eine wunderbare Geschichte, besonders für alle, die sich zu keinem Kind mehr durchringen können oder die Zukunft für unser Land sehr in Frage stellen *(eventuell durch Patin/Paten vortragen lassen)*:

Ein Mann, der 1947 im Alter von 89 Jahren starb, hatte nach dem Tod seiner Frau und seines einzigen Sohnes die Einsamkeit einer versteppten Landschaft in Frankreich aufgesucht. Hier erkannte er, was nötig war, und senkte jedes Jahr auf seinen Spaziergängen tausende kräftiger Eicheln mit einem Eisenstab in die Erde. So pflanzte er dreimal einen Eichenwald von 11 km Länge und 3 km Breite – es wurden die schönsten Wälder Frankreichs. Die unzähligen Wurzeln hielten jetzt das Wasser fest, die Bäche füllten sich wieder, die Tiere und dann auch die Menschen kehrten in diese bislang gottverlassene Gegend zurück, und überall wuchs wieder die Lust am Leben (nach der Erzählung von J. Giono, Der Mann mit den Bäumen, Zürich 1972).

Die Leute von der Regierung, die das Wunder der großen Wälder und erblühten Landschaft einmal bestaunten, glaubten an eine Laune der Natur. *Wir* wissen es besser: Da lebte ein Mann, der nicht sagte: »Da müsste mal einer was tun, welchen Fonds könnte man da anzapfen?« Nein, er fing einfach an, setzte eine Eichel nach der anderen und hoffte fest, dass sie keimten. Er erwartete keinen Dank. Wir brauchen Leute, die aus diesem Holz geschnitzt sind. Dann zwitschern auch bei uns die Vögel wieder lauter!

Jetzt verstehen Sie auch das Symbol der Eichel besser, die Sie alle als Andenken an die Taufe in die Hand bekamen: Die Eltern hatten den Mut, in Gestalt von N. N. eine Eichel in unsere Erde zu legen. Wir wünschen alle, dass ein großer Baum daraus wird – uns allen zur Freude.

Wenn wir dieses Kind jetzt taufen, heißt das: Wir gießen einen kräftigen Guss an die Wurzeln dieses Bäumchens, damit es auch im Vertrauen auf Gott mutig seine Wurzeln ausstreckt und bald sein Geäst in die Sonne Gottes hält. Sie verstehen aber auch: Dieser Guss alleine genügt nicht. Um auch im Vertrauen auf Gott wachsen zu können und einmal Früchte zu bringen, braucht es wenigstens *einen* Menschen, der dem Kind vorlebt, wie das geht. Das ist eine wunderschöne und wichtige Aufgabe, liebe Eltern und Paten, damit kein Lebenssturm jemals diesen Baum vorzeitig umreißt.

(NACH EINER IDEE VON VERENA STERNITZKE, BERGHEIM/ERFT)

(SIEHE AUCH DIE ANSPRACHE MIT DEM LEBENSBÄUMCHEN »VOM GESUNDEN WACHSTUM« NR. 5)

32. Die Verbindung mit Jesus halten

Symbol/Vorbereitung

Eine *Spielzeug-Eisenbahn* mit Waggons steht auf einem Stück Gleis. Der »Anhänger« des Täuflings wird erst nach der Taufe angekoppelt.

Ansprache

Ihr seht hier vorne eine Eisenbahn mit einigen angehängten Waggons. Diesen Waggon *(L. zeigt ihn so, dass der Name des Täuflings sichtbar wird)* hängen wir gleich noch an, wenn wir N. N. getauft haben. Das Bild ist leicht zu verstehen: Die Lokomotive ist Jesus selbst. Alle Waggons, die mit ihm verbunden bleiben, sind Menschen, die Jesus nachfolgen und so sicherer ans Ziel gelangen, als wenn jeder zu Fuß den Weg suchte. Jesus kennt den Weg zum Zielbahnhof. Und die Schienen bedeuten das, was er uns aufgetragen hat, wenn wir nicht im Leben entgleisen wollen, nämlich: Liebe Gott und den Nächsten. Das sind die beiden Schienenstränge, die uns zum Ziel führen.
Ihr kennt auch E-Loks, die fahren ihren Drahtbügel zur Oberleitung aus. Dann empfangen sie den Strom, die Kraft »von oben«, die sie vorwärts bringt. Auch ein schönes Bild für das, was Glaube meint: Das Vertrauen auf Gott in guten und bösen Tagen ist wie die Kraft des Stromes. Wenn wir in der Taufe N. N. Jesus an die Hand geben oder seinen Anhänger

ankoppeln, dann erfährt er im Leben, wie die »Kraft von oben« zieht und weiterführt.
»Bleibe mit mir verbunden!«, hat Jesus gesagt (Joh 15,1–5). Das ist sein Angebot. Wer sich im Laufe seines Lebens abkoppelt, der hat es sehr schwer, den Zielbahnhof zu erreichen. So freuen wir uns, lieber N. N., dass deine Eltern und Paten sich dafür entschieden haben, dich an den christlichen Zug anzuhängen. Und ihr seht: Viele sind mit unterwegs.

33. Vom gesegneten Wasser, das erinnert

Symbol/Vorbereitung

Ein *Weihwasserkesselchen* für den Täufling.

Ansprache

In der Taufe geben wir gleich den ersten Guss an das Bäumchen, das Sie in Ihrem Kind in unsere Welt pflanzten. Aber wenn es ein großer Baum werden soll, der Früchte bringen und Zuflucht bieten soll, dann braucht es noch mehr von diesen Güssen. Damit sind natürlich auch Ihre Küsse und Umarmungen gemeint, die dem Kind die tiefe Gewissheit geben: Du bist geliebt; du bist geborgen; du brauchst keine Angst zu haben, weil wir dich halten.
Dieses Weihwasserkesselchen möchte ich Ihnen schenken, damit Sie es ins Zimmer Ihres Kindes hängen und sich immer wieder erinnern. Es braucht auch die *christlichen* Zuwendungen, die das Kind spüren lassen: Du bist eingetaucht in die Liebe Gottes und von Jesus an die Hand genommen.
Ich konnte abends nicht einschlafen, wenn mir meine Mutter nicht einen Kuss gab, danach das Kreuz mit Weihwasser auf die Stirn zeichnete und die Tür noch ein paar Zentimeter aufließ. Später habe ich das Kreuz dann, mit Unterbrechungen, wieder ganz bewusst morgens und abends mit Weihwasser über mich gemacht, um mich zu erinnern: Ich bin getauft. Ich gehe nicht allein durch diesen Tag, denn Jesus als Weggefährte geht mit. Ich bin bereits ein erlöster Mensch, der bei Gott eine große Zu-

kunft hat. In diesem Bewusstsein spreche ich: »Herr, lass mich den Tag heute leichter vollbringen: Segne mich für diesen Tag!«
Abends braucht auch meine Seele ein Bett. Nicht alles ist gut gelaufen. Dann bete ich: »Herr, wasche ab von meiner Seele, was mich belastet, was ich falsch gemacht oder unterlassen habe, und lass mich jetzt gut schlafen.«
Was ich Ihnen jetzt erklärt habe, nennt man auch Ritual. Von Ritualen wird heute sehr häufig gesprochen. Wenn Sie Ihr Kind auf diese Weise immer wieder an die Taufe erinnern, dann werden Sie sehen: Es mahnt Sie, wenn Sie es vergessen!
Ist das nicht ein großartiger positiver Moment am Morgen und ein versöhnlicher am Abend, wenn ich mir beim Kreuzzeichen sagen darf: Du bist ein erlöster Mensch? Du darfst eigentlich jeden Tag Ostern = Auferstehung feiern! Gott ist mit dir am Abend und am Morgen …
Was uns Gott heute in der Taufe schenkt, das dürfen wir als Gabe im ganzen Leben fruchtbar werden lassen.

34. Die Mitte finden

Symbol/Vorbereitung

Ein Seil, zur *Spirale* geformt, in deren Mitte die brennende *Osterkerze* steht, liegt auf dem Boden. Ein paar Teelichter stehen bereit: Kinder ab ca. vier Jahren können nacheinander während der Ansprache mit dem Teelicht in die Spirale gehen und es in der Mitte entzünden. Allerdings sollte dann ein Erwachsener einen ruhigen Ablauf gewährleisten, damit durch die Unruhe nicht das Gedeutete in der Ansprache untergeht.

Ansprache

Wer das größte Geschenk Gottes an den Menschen, ein Kind, auf den Armen tragen darf, der spürt schon recht früh, dass er ihm alleine nicht genügen kann. Je größer so ein Kind wird, umso mehr wachsen die Gefahren, da braucht man noch den Schutz von »ganz oben« für dieses Kind.

Liebe Eltern! Sie haben den Ruf Jesu »Kommt doch alle zu mir (Mt 11,28)!« gehört und kennen auch die Stelle aus der Hl. Schrift, in der Jesus den Jüngern ein Kind in die Mitte stellt, es liebevoll in den Arm nimmt und es segnet (Mk 10,13–16). Hier in der Taufe haben wir noch mehr vor: Jesus soll Ihr Kind an die Hand nehmen in guten und in bösen Tagen …

Wir sehen die Spirale und in ihrer Mitte das Licht der Welt, das Licht Jesu Christi: Jetzt kann einmal ein Kind losgehen (und die anderen, die möchten, danach). Es muss langsam in die Spirale hineingehen; der Weg wird immer enger, aber er führt zur Mitte.

Wer zu Jesus will, muss die Zweifler und Spötter erst einmal hinter sich lassen, auch alle, die meinen, es gäbe nur das, was man sehen kann. Aber das Wesentliche ist für die Augen unsichtbar: Das Kind erhält in der Taufe ein Licht, das die Seele durchleuchtet, wenn es dieses Licht einmal verinnerlicht. Sollten einmal alle anderen Lichter des Lebens ausgehen, dann leuchtet dieses Licht immer noch.

Deshalb ist das Sakrament der Taufe so eine Himmelsgabe: Ich begegne in diesem Sakrament Jesus, der mich an die Hand nimmt und mich ins ewige Licht führen will. Wer auf diese Weise seine Kerze am Licht Jesu entzündet hat und dies jeden Tag erneuert, der kann ganz anders in die Aufgaben und Pflichten des Tages und des Lebens hinausgehen.

Und das wünschen wir diesem Kind und uns allen: Gottes Licht auf all unseren Wegen.

(Es ist beim weiteren Gehen in die Spirale angebracht, in einfachen, kindgerechten Worten das Gesagte gelegentlich zu wiederholen.)

35. Die Rose von Jericho

Symbol/Vorbereitung

Drei Exemplare der so genannten *Auferstehungsblume;* sie ist eine Wüstenpflanze, die in großen Gärtnereien angeboten wird. Eine der Auferstehungsblumen vorher ca. drei Stunden in Wasser legen, die andere trocken lassen; die dritte wird ein Geschenk an den Täufling sein, hübsch eingepackt.

Hinweis: Die »Rose von Jericho« ist ein botanisches Wunder. Man fand sie auch als Grabbeigabe in Pharaonengräbern und brachte sie wieder zum Blühen. Sie kann also eine Trockenphase von mehreren tausend Jahren überstehen. Wenn dann dieses Bärlappgewächs, das es seit ca. 80 Millionen Jahren auf unserer Erde gibt, wieder mit Wasser übergossen wird, öffnet es sich zu einer grünen Pflanze (je wärmer das Wasser, desto schneller). Wegen dieser Eigenschaft gilt diese »Rose« als Symbol für ewiges Leben, als »Auferstehungsblume«. Sie wird auch zu Heilzwecken benutzt: Als Tee gegen mancherlei Krankheiten, zum Inhalieren bei Erkältungen; im offenen Zustand auf den Tisch gestellt, verzehrt sie den Rauch; trocken zwischen die Wäsche gelegt, vertreibt sie Motten. In manchen Familien wird sie als Symbol für Glück und Segen von Generation zu Generation vererbt. Wenn sie sich in geöffnetem Zustand befindet, kann man auch ein kleines Geschenk, z. B. einen Ring, in sie hineinlegen und sie wieder trocknen lassen. Achtung: Als Wüstenpflanze braucht sie nach ein, zwei Wochen auch wieder ihre Trockenphase.

Ansprache

(L. zeigt zunächst die trockene Blume) Die so genannte Auferstehungsblume, auch »Rose von Jericho« genannt, ist eine Wüstenpflanze und kann jahrelang irgendwo trocken liegen. Sie sieht dann aus wie diese: wie eine Faust, ineinander verkrallt, vertrocknet und unansehnlich. Lege ich sie aber für einige Stunden ins Wasser *(L. zeigt die entfaltete, aufgeblühte Blume)*, zeigt sie, dass ihr Keim lebendig und wach geblieben ist: Sie entfaltet sich langsam und stetig, sie »blüht auf« und wirkt wie eine geöffnete Hand.

Das Wasser, gleich über das Köpfchen Ihres Kindes gegossen, liebe Eltern und Paten, legt auch einen lebendigen Keim in Ihr Kind, der nie absterben kann: die unauslöschliche Gnade des Sakramentes Taufe. Dieses Kind Gottes wird von Jesus an die Hand genommen. Das muss dem Kind aber, wenn es größer wird, in Worten und Taten nahe gebracht werden, denn Kinder lernen bis zu 90 % durch Nachahmung! Aber selbst, wenn es das nicht erfährt, liegt – wie gesagt – der innerste Keim lebendig da, bis ein Ereignis oder ein Mensch ihn ausschlagen lässt. Taufe ist also der erste Wasserguss an eine Pflanze, den wir so umschreiben können: Du kannst Gott vertrauen. Und wenn du dich von Jesus an die Hand nehmen lässt, kannst du nicht in die Irre gehen. Wenn diese »Rose von Jericho« wachsen und blühen soll, sind allerdings im Leben weitere Wassergüsse nötig.
Dem inneren Keim Ihres Kindes wünschen wir, dass er nie austrocknet in Traurigkeit, Verzweiflung oder Unfrieden, sondern sich immer nach dem Wasser des Lebens ausstreckt, das Jesus uns reichen will (vgl. Joh 4,13–15). Dann ist Ihr Kind, wie die Lesung in alttestamentlicher Bildersprache sagt, wie ein Baum, der an Wasserbächen gepflanzt ist und der nichts zu fürchten hat, wenn die Hitze oder die trockenen Jahre des Lebens kommen (Jer 17,7–8).

(NACH FRANZ EDLINGER)

36. Du – mein Schatz

Symbol/Vorbereitung

Eine *Perle* für jede(n) an einem Kettchen – zum Umhängen oder als Armbändchen.

Ansprache

Liebe Eltern: In diesem Kind ist Ihnen ein großer Schatz anvertraut. Vielleicht sagen Sie auch manchmal mit dem Blick auf Ihr Kind: »Du – mein Schatz!« Die Perle in Ihrer und in unserer Hand kann uns zwei Dinge bewusst machen:

1. Sie haben auch der Welt in Ihrem Kind einen großen Schatz geschenkt – eine kostbare Perle. Aber so wie eine Perle erst nach zehn Jahren herangereift ist, so liegt auch ein langer Prozess vor Ihnen, die Kostbarkeiten, die in Ihrem Kind verborgen liegen, herauszufinden und zu fördern. Schon weil Ihr Kind – wie wir alle – auch Ebenbild Gottes ist mit unantastbarer Menschenwürde, müssen wir mit Ehrfurcht dabei zu Werke gehen. Gleich empfangen Mutter, Vater und Paten einen besonderen Segen, der verspricht: Sie stehen in diesem Bemühen unter dem Segen Gottes. Und wir wünschen Ihnen, dabei »das rechte Händchen« zu haben, das nicht unter- und nicht überfordert, vor allem aber Geborgenheit schenkt.
2. Es gibt in der Heiligen Schrift das Wort vom Schatz im Acker (Mt 13,44). Auch wenn Sie in Ihrem Kind schon rein äußerlich einen Schatz gehoben haben, dann ist der Weg zum Himmelreich für Ihr Kind und für uns doch noch weit. Deshalb haben Sie Ihr Kind heute hierher gebracht: Es soll unter den Schutz Gottes gestellt werden, damit es im Rückenwind Gottes die Wege zu gehen vermag, die zum Ziel des Lebens führen, zum Himmelreich. Ihr Kind soll auch die Zusage hören: Du bist mein geliebtes Kind. An dir habe ich mein Wohlgefallen (Mt 3,17)!

   Liebe Eltern, erzählen Sie Ihrem heranwachsenden Kind immer wieder, dass Jesus es in der Taufe an die Hand genommen hat. Doch wenn Ihr Kind an die Hand genommen werden will, braucht es eine Beziehung zu Jesus: Erzählen Sie ihm Geschichten von Jesus und beten Sie mit Ihrem Kind. Es gibt so viele herrliche Kinderbibeln, die diesen Jesus faszinierend und überzeugend darstellen. So fällt es Ihrem Kind leichter, sich auf die anderen Begegnungen mit Jesus zu freuen, hier im Gottesdienst oder dann in der heiligen Kommunion. Die kostbare »Perle« auf Ihrem Arm möge einmal Glanz ausstrahlen, der von der Sonne Gottes herkommt. Halten Sie darum Ihre »Perle« so, dass sie die wunderbaren Strahlen dieser Sonne auffangen kann.

37. Was wir dir wünschen

Symbol/Vorbereitung

Den Kindern wurden Farben für ihre Pullis/T-Shirts angegeben, oder sie erhalten Fähnchen oder Tücher in *Regenbogenfarben*.

Ansprache

Immer, wenn Regen auf Sonnenschein trifft, steht ein wunderschöner Regenbogen am Himmel. Heute gießen wir Wasser über den Kopf von N. N., und das tun wir im Namen Gottes, der Sonne über dieser Welt. Darum ist der Regenbogen ganz nah.

Nach der Taufe:

Jetzt sprechen wir über unseren Täufling aus, was wir ihm in den Regenbogenfarben alles wünschen. Die Kinder mit den genannten Farben stellen sich dann um das Kind oder stellen sich winkend mit den Fähnchen nach und nach zum Regenbogen auf:

Zuerst die *rote* Farbe: Wir wünschen dir Freude und viel Liebe. *(Kinder kommen)*

Dann die Farbe *Orange*: Wir wünschen dir Gesundheit an Leib und Seele – wie aus leuchtenden Orangen. *(Kinder kommen)*

Die Farbe *Gelb*: Möge über deinem Leben immer die Sonne scheinen. Auch wenn es einmal regnet, sie steht trotzdem hinter den Wolken. *(Kinder kommen)*

Die Farbe *Grün*: Die Hoffnung soll dir nie ausgehen und auch nicht die Zeit, dich im Grün der Natur zu erholen. *(Kinder kommen)*

Die Farbe *Hellblau*: Vergiss das Wasser der Taufe nicht, das dich auf immer in den Bund mit Gott gestellt hat – so wie der Regenbogen Himmel und Erde wie eine Brücke verbindet. *(Kinder kommen)*

Die Farbe *Dunkelblau*: Wir wünschen dir ein Vertrauen, das Berge versetzen kann. Gott ist treu – wir brauchen nur seine Hand festzuhalten. *(Kinder kommen)*

Die Farbe *Violett*: Wir wünschen dir, dass du schnell verzeihen kannst und auf Menschen triffst, die dir Schuld vergeben. *(Kinder kommen)*

Jetzt haben wir den Regenbogen zusammen. Möge er ein Leben lang über dem Täufling stehen. Und das heißt: Du brauchst keine Angst zu haben, denn Gott ist mit dir (Gen 9,14–17). Mit ihm kannst du über die Brücke des Regenbogens in den Himmel gehen. (Jetzt winken *alle* Kinder mit ihren Fähnchen besonders kräftig!)

(Nach jeder Farbe können veschiedene Liedrufe eingefügt werden, z. B: »Gottes Liebe ist wie die Sonne«, »Du bist das Licht der Welt«, »Gottes Liebe ist so wunderbar«, »Immer auf Gott zu vertrauen«, »Niemand ist größer als unser Herr und Gott«, »Die Erde ist schön« usw.)

Weitere geeignete Ansprachen für das Kindergartenalter in diesem Buch:

Nr. 1–22, 38–43, 62, 64.

38. Dem Hirten anvertrauen

© SIEGER KÖDER, DER GUTE HIRTE

Symbol/Vorbereitung

Die abgebildete Karte »Der gute *Hirte*« zumindest für den Täufling; Bestell-Nr. SK 222 beim Schwabenverlag, D-73760 Ostfildern, Telefon 0711/4406-165, Fax -/4406-177.
Oder als vierseitiges Andachtsbild mit Text, Bestell-Nr. 840 d, beim Verlag Ver sacrum, D-72108 Rottenburg, Tel. 07472/3011, Fax -/3648.

Ansprache

Liebes Kommunionkind N.! In der Taufe gleich möchte dich Jesus an die Hand nehmen. Schau einmal auf der Postkarte, was sie uns über Jesus sagt:
Er ist wie ein Hirt, der dich keine Sekunde mehr aufgibt; der dich liebt, auch wenn du einmal andere Wege gehst. Und schau genau hin, was mit dem Schaf war, das er so liebevoll auf seine Schultern genommen hat: Es war weggelaufen. Es hatte nicht nur Wolle gelassen, nein, es hat sich im Gestrüpp der Probleme und der vermeintlichen Freiheit verletzt, sogar Blut verloren. Wir alle wagen manchmal Wege, die sich später als Irrwege erweisen.
Auf der Karte geht hinter allem Auf und Ab des Lebens die Sonne auf: Gott trägt uns durch Wüste und Nacht. So heißt es im Gleichnis (Lk 15,1–7): »Voller Freude nimmt er das Verlorene auf die Schultern. Er ruft so-

gar seine Freunde und Nachbarn zusammen und sagt: Freut euch mit mir!« Und wir sehen, die ganze Schöpfung freut sich mit: die Blumen und Tiere, die Sonne, ja, Instrumente stimmen mit ein!
So freuen wir uns heute, dass wir dich Jesus, diesem guten Hirten, an die Hand geben dürfen. Wenn deine Freunde gleich diese Karte unterschreiben, dann soll sie dir auch in Zukunft eine schöne Erinnerung bleiben.

(TEILWEISE FORMULIERUNGEN NACH THEO SCHMIDKONZ)

39. Vom Geheimzeichen Fisch

Symbol/Vorbereitung

Ein aufklebbarer *Fisch* für jeden (im Auto hinten links mit dem Kopf zur Straßenseite). Ein breites Angebot bietet die Firma Uljö, Ziegeleiweg 12, D-57627 Hachenburg, Tel. 0 26 62/95 46-0, Fax -/95 46-20.

Ansprache

Den Fisch, den wir in Händen halten, könnt ihr oft auf Autos entdecken. Wer ihn sich auf die Heckscheibe geklebt hat, will nicht damit sagen, dass er einem Angelverein angehört, nein, es ist ein Bekenntnis zu seiner Taufe: »Ich bin ein Christ. Ich will hinter Jesus ›herschwimmen‹!«

(GRAFIK VON MARINA SCHLANG NACH WILLI FÄHRMANN)

Ihr müsst wissen, dass der Fisch in den ersten Jahrhunderten der Christenverfolgung ein Geheimzeichen war: Der aufgemalte Kopf des Fisches galt als Wegweiserpfeil, welche Richtung man einschlagen sollte, um auf Christen zu stoßen, die sich heimlich trafen. Malte einer einen Fischkopf in den Sand und ein

anderer ergänzte ihn bis zur Schwanzflosse, dann wussten beide ohne Worte: Wir sind Christen.
Die Idee dazu, einen Fisch als Geheimsprache zu nehmen, lag nahe, da Jesus selbst ja oft mit Fischen zu tun hatte: Bei der Brotvermehrung in der Wüste, wo auch zwei Fische verteilt wurden; nach der Auferstehung, als Jesus Brot und Fisch am Ufer des Sees Gennesaret zubereitete, und überhaupt waren ja die meisten Jünger Fischer und hatten täglich mit Fischen zu tun. Jesus war also der »große Fisch«, und die gedeuteten Buchstaben des Wortes FISCH haben immer die Phantasie angeregt. Ein Beispiel der Deutung (aufgemalt zeigen?):

F – isch =
I – esus
S – ohn Gottes
C – hristus
H – eiland

Klebt also euren Fisch an eine Stelle, wo ihn viele sehen, damit sie verstehen: »Auch wir sind Christen, auch wir wollen hinter Jesus herschwimmen«. Und würden wir alle Fische zu einem Schwarm zusammenkleben, könnten wir auch sehen, was in der Taufe geschieht: Wir werden in eine große Gemeinschaft eingefügt. Gemeinsam sind wir stark!

40. Vom Geheimnis des Feuers

Symbol/Vorbereitung

Die *Taufkerze*; die größeren Kinder bringen ihre Taufkerzen mit.

Ansprache

(L. nimmt die Taufkerze und geht evtl. auch auf das ein, was sie an Darstellungen zeigt:) Das Wichtigste an dieser Kerze ist, dass sie entzündet wird. Ich entzünde sie an der Osterkerze. Sie ist ein Sinnbild für Jesus, der gesagt hat: »Ich bin das Licht der Welt (Joh 8,12)!« Wer sich auf dieses Licht Jesu Christi einlässt, kann für ihn und seine Botschaft Feuer

und Flamme sein. Er kann die Welt heller machen durch sein Vertrauen auf Gott und sein Gutsein zu den Menschen. Jetzt schaut bitte einmal in die Flamme dieser Kerze:

1. Das war schon ein Geschenk des Himmels, als der Mensch fähig wurde, Feuer zu entfachen: Er brauchte an kalten Tagen nicht mehr so zu frieren! Immer, wenn wir in die Geschenke des Himmels eintauchen, werden wir ehrlicher und positiver gestimmt. Wir können das am Lagerfeuer oder am offenen Herdfeuer erleben. Das geschieht auch bei anderen Himmelsgaben: am Meer oder in den Bergen. Darum sind in allen Religionen Feuer, Wasser und Berge Gleichnisse für Gott.
2. Wer in eine Flamme blickt, ahnt etwas von dem Geheimnis Gottes. So hat auch Mose verwundert auf den Dornbusch geschaut, der brannte, aber nicht verbrannte. Es gibt auch Menschen, die vom Feuer Gottes durchdrungen werden und die dann Kräfte verspüren, über die sich andere nur wundern können. An Pfingsten kam auch das Feuer des Geistes Gottes über die ängstlichen Jünger, ließ sie die Tür aufschließen und begeistert weitererzählen, was Jesus alles gesagt und getan hatte.
3. Sobald etwas geschieht, was die Menschen schockiert oder ihnen unbegreiflich erscheint, stellen sie Kerzen auf und schauen fassungslos und bittend in die Flammen. Dann fließt etwas Trost in ihre Herzen. Es ist schon ein Geheimnis um dieses Feuer, das sich verzehrt, antreibt und tröstet! Manche entzünden auch eine Kerze für jemanden vor einer schweren Prüfung oder bei einem starken Gewitter, bei dem selbst ein Blitzableiter zu schwach sein kann. Es ist immer wieder das Greifen nach einer Hand, die stärker ist als unsere, und nach einem Arm, der länger ist als unserer. Das ist Gottes Angebot: In der Taufe nimmt er uns unter seinen Schutz und reicht uns in Jesus die Hand.
4. So darf ich dir jetzt diese brennende Kerze übergeben und mich entschuldigen, dass ich aus besonderem Anlass, nämlich über diese Kerze zu sprechen, dir die Aufgabe weggenommen habe, die Taufkerze an der Osterkerze selbst zu entzünden. Wenn sie gleich auf der

Kaffeetafel brennt oder zu den Namens- oder Geburtstagen des Kindes, dann erzählt ein wenig vom Geheimnis des Feuers, das Gottes Unbegreiflichkeit berührt.

(Wenn Kinder ihre Taufkerzen mitgebracht haben, werden sie jetzt auch entzündet, oder es werden den Kindern kleine Osterkerzen überreicht)

41. Das Hemd des Glücklichen

Symbol/Vorbereitung

Ein *Taufkleid*.

Ansprache

Vielleicht kennt ihr die Geschichte vom Hemd des Glücklichen (vgl. Willi Hoffsümmer, Hg., Kurzgeschichten 1, Nr. 192): Der stets unzufriedene, mürrische Sohn eines Königs braucht als Medizin das Hemd eines glücklichen Menschen. Als schließlich ein glücklicher Mensch gefunden ist, stellt sich heraus, dass dieser kein Hemd besitzt.
Zunächst verwirrt uns der Ausgang der Geschichte. Sind Glück und Zufriedenheit denn nie möglich? Denn wer ein oder mehrere Hemden besitzt, hat wieder so viel Besitz, dass er nicht mehr sorglos sein kann. Armut kann auch gute Seiten haben: Ich lebe ohne die Angst, etwas zu verlieren; ich kann viel leichter teilen (das beweisen die Armen in anderen Ländern); ich lebe das »Jetzt« intensiver, weil mich keine alten Sorgen belasten und keine Angst befällt vor dem, was kommt; ich spüre leichter, worauf es bei einem Miteinander entscheidend ankommt: auf die Liebe zueinander, die Bereitschaft zu vergeben, die Zeit füreinander …
In der Taufe haben wir »das Hemd des Glücklichen« angelegt bekommen! *(L. zeigt Taufkleid)* Im Taufritus heißt es: »Das weiße Kleid soll dir ein Zeichen dafür sein, dass du in der Taufe neu geschaffen worden bist und – wie die Schrift sagt – Christus angezogen hast. Bewahre diese Würde für das ewige Leben.« »Christus anzuziehen« soll heißen, ihm

ähnlich zu werden, nicht was sein Äußeres angeht, sondern in seiner Haltung zu Gott, seinem Vater, und zu den Menschen.
Dieses Gewand hebt alle Unterschiede zwischen den Menschen auf: ob wir Einheimische oder Fremde sind, Mann oder Frau, reich oder arm …
Im Römerbrief heißt es zusätzlich: »Legt als neues Gewand den Herrn Jesus Christus an, und sorgt nicht so für euren Leib, dass die Begierden erwachen« (Röm 13,14).
Das Hemd des zufriedensten und glücklichsten Menschen der Welt – Jesus – tragen wir auf unserem Leib. Er kann mein ganzes Denken erfassen und mir ein neues Lebensgefühl geben – wie bei einer Braut, wenn sie das Brautkleid anzieht und trägt.

(Es kann irgendwo der Hinweis erfolgen: Im Augenblick des Kreuzestodes trug Jesus auch kein Hemd – wie der Glückliche in der Geschichte nach Tolstoi.)

(NACH FELICITAS HESTERMANN)

42. Geborgen wie im Bienenkorb

Symbol/Vorbereitung

Ein *Bienenkorb* oder ein Honigtöpfchen in Form eines Bienenkorbs – im Handel erhältlich; eine gebastelte Biene.

Ansprache

Es gibt einen Heiligen, der meist mit einem Bienenkorb dargestellt wird. Der hl. Ambrosius hat nämlich die Christen einmal mit treuen und fleißigen Bienen verglichen, die ihren Zufluchtsort im Bienenkorb, in der Kirche, finden.
Wenn wir dich also, N.N., als nettes Kommunionkind mit einer Biene vergleichen dürfen, dann bekommst du in der Taufe einen Zufluchtsort geschenkt: den Bienenkorb. Der ist ideal, wenn es regnet oder friert oder zu heiß ist. Du weißt ja noch nicht, was dir im Leben begegnet: ob du manchmal im Regen stehst oder du mal bis in die Seele frierst oder es dir siedend heiß wird.

In diesem Bienenkorb, in der Kirche, wird dir bald das Manna gereicht, das Himmelsbrot, das süß wie Honigkuchen schmeckte (Ex 16,31) und das uns beim Durchqueren der Wüste unseres Lebens helfen will – bis wir das Land, das von »Milch und Honig« fließt, das Paradies erreichen. In diesem Bienenkorb sagt dir Jesus auch Sätze, die uns wie Honig auf der Zunge zergehen können, wie zum Beispiel die Seligpreisungen der Bergpredigt (Mt 5,3–12), die uns die Angst vor der Zukunft nehmen. Wenn du so gestärkt herausfliegst, kannst du selbst auch das Gute, das zwischen allem Gefährlichen in dieser Welt ist, in die »Waben Gottes« einbringen: Nektar, der uns allen guttut.
So wünschen wir dir als Biene Gottes einen guten Lebensflug und freuen uns, wenn du dich ein Leben lang im Bienenkorb der Kirche wohlfühlst.

43. Ein Haus aus lebendigen Steinen

Symbol/Vorbereitung

Eine *Kirche aus Duplo-Steinen* ist – bis auf einen Stein – fertig gebaut. Die Steine für eine zweite Kirche liegen bereit. Jedes Kind bekommt einen Stein; einige Kinder werden aufgefordert, sich schon jetzt an der zweiten Kirche zu versuchen.

Ansprache

Einmal hat Jesus gesagt: »Lasst euch als lebendige Steine zu einer Kirche aufbauen« (1 Petr 2,5–10)! Einige Kinder haben das mit ihren Bausteinen schon versucht. Auf jeden Stein kommt es an. Denn wenn im Dach der Kirche einer fehlt, kann es hereinregnen. Und wer dort in der Mauer keine Lust mehr hat und weggeht, der lässt Kälte und Feuchtigkeit herein. Und wenn ein Stein fehlt, dann sitzen die anderen auch lockerer.
Heute dürfen wir einen neuen lebendigen Stein in unsere Kirche einfügen. Indem wir N. N. taufen, gehört er/sie fest zu unserer Gemeinschaft.

An der einen Kirche fehlt nur noch ein Stein. Die Stelle ist für N. N. reserviert, damit auch diese Kirche richtig schön wird.
Aber zuerst taufen wir dich …

44. Auf dem Schiff der Gemeinschaft

Symbol/Vorbereitung
Ein *Schiff*; evtl. *SOS-Rettungsring*, *Herz* und *Anker* zum Aufheften.

Ansprache
Heute löst du die Fahrkarte für die Reise mit dem Schiff der Kirche – durch das Meer der Zeit bis in den rettenden Hafen Gottes. Du kannst diesen Weg auch schwimmend zurücklegen oder im Paddelboot. Aber du musst zugeben: Wenn ein Sturm aufkommt (Mk 4,35–41), fährt es sich auf einem Schiff sicherer.
Du vertraust dich dem Kapitän des Schiffes an, Jesus Christus. Er kennt den Weg. Er reiht dich in eine große Mannschaft ein: Alle werden gebraucht – als Steuermann, Funker, Maschinist, Koch, Wache …
Und weil es auf ein herzliches Klima an Bord ankommt, hefte jetzt ein *Herz* auf das Schiff.
Wir heften auch einen *Anker* auf: Er wird im Sturm vor einer Klippe ausgeworfen und soll sich auf dem Meeresgrund festhaken, damit das Schiff nicht zerschellt. Wir haben die Hoffnung, von Gott in allen Stürmen des Lebens gerettet zu werden. *(Anker anheften)*
Und wir bringen noch einen *SOS-Rettungsring* an. Wenn einer über Bord geht, vertrauen wir auf eine wachsame Gemeinschaft, die uns über Wasser hält. *(Rettungsring anheften)*
So wünschen wir N. N. eine gute Reise und singen dazu das entsprechende *Lied*: Ein Schiff, das sich Gemeinde nennt (Tr 590)

45. Vom Schutzschild gegen das Böse

Symbol/Vorbereitung

Ein *Zauberstab*.

Ansprache

(L. hält den Zauberstab hoch und sagt:) »Expecto patronum!« Kennt sich einer damit aus? Wo kommt das vor? – Ja, in einem der Harry-Potter-Bücher; im »Gefangenen von Askaban« treten teuflische Dementoren auf, die Entsetzen auslösen, weil ihr Anblick und die Kälte, die von ihnen ausgeht, ihre Opfer lähmen. Dann saugen sie in einem Todeskuss die Seele des Opfers aus, das zwar weiterlebt, aber nur als willenlose Marionette.

Bei dieser grauenhaften Vorstellung – dürfen das schon Kinder lesen? –, kann uns ein Satz aus der Bibel einfallen: »Seid nüchtern und wachsam! Euer Widersacher, der Teufel, geht wie ein brüllender Löwe umher und sucht, wen er verschlingen kann. Leistet ihm Widerstand in der Kraft des Glaubens« (1 Petr 5,8.9a)! – Leider kennen wir auch heutzutage die Teufel, die Kinder entführen oder verführen können.

Wie wehrt sich Harry Potter in solch einer Gefahr? Er streckt den Zauberstab nach oben *(L. tut es)* und ruft: »Expecto patronum!« Das heißt so viel wie: »Ich warte auf einen Patron, der mir hilft!« Dabei muss Harry an etwas Positives denken, an eine geliebte Person oder an seine verstorbenen Eltern, die ihr Leben für ihn hingaben. Wenn ihm das intensiv gelingt, strömt ein dünner, silberner Faden wie silbriges Gas aus dem Zauberstab, der Harry wie in einen Nebelschleier hüllt – undurchdringbar für die Dementoren, die teuflischen Mächte.

In den vielen erfolgreichen Bänden von Harry Potter kommt nie das Wort »Gott« oder »Kirche« vor, aber weil die Erlebnisse dort dem Leben abgelauscht sind, berühren sie auch die Welt, die wir nicht sehen können.

Heute bist du, N. N., mit deinen Eltern hier in die Kirche gekommen, um dir gegen die unsichtbaren satanischen Mächte einen Schutzmantel umlegen zu lassen: *(L. hebt wieder den Stab)* »Expecto patronum«: Ich warte auf einen, der mich schützt, einen Patron!

Der große positive Gedanke, der dich schützt, ist die Taufe: denn Jesus nimmt dich an die Hand und so stehst du unter dem Schutz Gottes. Es ist Ihre wichtigste Aufgabe, liebe Eltern und Paten, im Kind das Vertrauen wachsen zu lassen, dass der mächtige Gott seine Hand schützend über dieses Kind hält. Dieses Vertrauen entsteht am leichtesten, wenn Sie mit Ihrem Kind beten, also mit Gott sprechen. Aber es gibt noch andere Möglichkeiten des Schutzes *(L. hebt jeweils den Stab)*:

- »Expecto patronum!« Sie haben ihm den Namen eines Heiligen gegeben, der auch ein Schutzpatron Ihres Kindes sein soll.
- »Expecto patronum!« Jedes Kind hat einen Schutzengel, den verlängerten Arm Gottes, der es heil durch alle Gefahren begleiten soll. Warum schweigen wir ihn in der christlichen Erziehung oft tot? Ein Kind fühlt sich stärker, wenn es abends beim Abschiedskuss für die Nacht weiß: Da bleibt einer bei dir.
- »Expecto patronum!« Sie haben dem Kind zwei Paten gegeben, die über die Luftbrücke des Gebetes Ihr Kind schützen sollen.
- »Expecto patronum!« Wir haben liebe Verstorbene, gute Patrone auf der anderen Seite des Lebens, die nichts mehr für sich selbst tun können, aber für alle, die ihnen am Herzen liegen.
- »Expecto patronum!« Du, N. N., wirst jetzt in eine große kirchliche Gemeinschaft eingefügt, die immer wieder im Fürbittgebet für alle den Himmel um Schutz anfleht, die zu ihr gehören.

Sie können also, liebe Eltern und Paten, ein Stück Ihrer Sorgen und Ängste um Ihr Kind loslassen, weil da viele Mächte sind, die Ihr Kind schützen vor allem, was es bedrängen mag.

Leisten wir Widerstand in der Kraft unseres Glaubens!

So lassen wir uns jetzt voll Freude auf deine Taufe, N. N., ein!

46. Vom festen Halt

Symbol/Vorbereitung

Ein *Wagenrad.*

Ansprache

(L. zeigt ein Wagenrad) Sie sehen hier *ein* Rad vom »Karren Kirche«. Wenn aus diesem Rad viele Speichen gebrochen werden oder herausfallen, ist es nicht mehr sehr belastbar.

Darum freuen wir uns, heute mit N. N. eine neue Speiche in dieses Rad einzufügen. Wir revanchieren uns für dieses Geschenk, indem wir ein Zweifaches an Ihr Kind, an dich, N. N., zurückgeben:

1. Du wirst von der Nabe, dieser Mitte gehalten, die wir Jesus Christus nennen. Er hat versprochen, dir Halt zu geben in guten und bösen Tagen und auch eine Ausrichtung: Viele Kinder und Jugendliche haben heute kaum noch eine Orientierung, sitzen nur locker im Rad der Gesellschaft, und deshalb eiert da auch so manches. Jesus sagt ganz klar: »Ich bin *der* Weg und *die* Wahrheit und *das* Leben« (Joh 14,6). Wer mich an die Hand nimmt, der kann nicht in die Irre gehen; der findet das Ziel. Und dieser Jesus sagt auch, *wie* das geht: indem wir Liebe verschenken. Im Vertrauen auf Jesus fällt die Liebe viel leichter, gerade wenn der Weg holprig wird.
2. Wir schenken dir, N. N., auch *noch* etwas in der Taufe: Gemeinschaft! Sie sehen, Ihr Kind ist nach außen über die Felge auch mit allen anderen Speichen verbunden.

   Kein Mensch kann *allein* Geburtstag oder Weihnachten feiern. Wir sind auf Gemeinschaft hin angelegt. Wir kommen aus der Liebe zweier Menschen, und auch, wenn wir ins Grab gelegt werden, brauchen wir dazu noch die Hilfe anderer. Sie hätten Ihr Kind auch im Wohnzimmer im Kreise Ihrer Freunde selber taufen können, aber Sie haben es hier in unser »Vereinshaus« gebracht und mir als Stellvertreter dieser Gemeinschaft Ihren Wunsch der Taufe vorgetragen. Somit wollen Sie, dass Ihr Kind in eine Gemeinschaft gläubiger Menschen aufgenommen wird. Dann bitte ich Sie aber auch darum, das

Kind bald wieder hierhin zu begleiten, sonst bleibt nur ein Eintrag auf einem Stück Papier.
(L. zeigt das Wagenrad) Wir möchten, dass der »Karren Kirche« starke Räder hat, und brauchen Menschen, die ihn wieder flottmachen, wenn er im Morast der Zeitumstände stecken geblieben ist. Wenn Sie sich mal über Christen ärgern müssen, dann schauen Sie bitte auf die Mitte des Wagenrades, auf Jesus Christus!
Wir freuen uns, dass Sie die Kirche jung halten wollen. Gibt es denn überhaupt eine wirkliche Alternative zu ihr?

47. Du bist Salz für die Erde

Symbol/Vorbereitung
Ein Tütchen *Salz* oder ein *Salzstreuer*.

Ansprache
Bis zum letzten Konzil gehörte es zum Taufritual, dem Täufling etwas Salz auf die Zunge zu streuen. *(Ich sehe jetzt noch vor mir, wie die Kinder sofort zu schmecken begannen)* Das bedeutete schon das Signal für den jungen Christen: Du sollst der Welt Würze und Geschmack geben! Du bist Salz für diese Erde (Mt 5,13)!
Wir kennen doch den Wert des Salzes, sobald es fehlt: Wie würden Pommes oder gekochte Eier ohne Salz schmecken? Und weiter: Salz erhält Leben – so braucht unser Körper an heißen Tagen mehr salzhaltige Speisen, damit sein Haushalt nicht durcheinander gerät. Salz kann noch viel mehr, nämlich z. B. Eis zum Schmelzen bringen oder vor Fäulnis schützen, weshalb Fische in Salz gelegt werden. Und Salz trägt. Das kann jeder erfahren, der einmal im Toten Meer gebadet hat – bei 23 % Salzgehalt! Bei Salz und Brot wurden früher Verträge geschlossen. Und noch heute gilt den Arabern ein Schwur beim Salz als heilig.
Sie wissen aus den Medien, wie lebensuntüchtig heutzutage manche junge Menschen in die Welt entlassen werden; wie sehr eine zu große Verwöhnung sie unfähig gemacht hat, Hürden und Durststrecken zu

überwinden. Sie brauchen aber nicht nur die Muskeln aus dem Fitnesscenter, sondern auch innere Muskeln, um über Begrenzungen hinauszuwachsen.
Vielleicht benutzen Sie diesen Salzstreuer in Zukunft auf dem Tisch, um dich, N. N., daran zu erinnern: Auch du bist Salz für die Erde. Gib deiner zeitlichen Heimat Geschmack und Würze! Schmelze verhärtete Fronten auf und schütze unsere Gemeinschaften vor weiterer Fäulnis!
Gott steht auf deiner Seite. Ihm geben wir dich an die Hand. Dann fällt es leichter, Salz für die Erde zu sein!

48. Einer geht mit

Symbol/Vorbereitung

Postkarte mit *Fußspuren*, evtl. für jeden zu bestellen im Kawohl-Verlag, D-46489 Wesel als Karte Nr. 9188, Tel. 02 81/9 62 99-0, Fax /-100. Sie wird in Serien zu 12 Stück angeboten. Staffelpreise. Die Karte zeigt die Fußspuren im Sand + Geschichte. *Oder:* Im Brunnen-Verlag, D-35398 Gießen, Tel. 06 41/6 05 90, Fax -/6 05 91 00 unter der Bestell-Nr. 198610. Auch im Set von 12 Postkarten. *Oder:* Kunstverlag Maria Laach, D-56653 Maria Laach, unter Bestell-Nr. 22035, Tel. 0 26 52/5 93 81, Fax -/5 93 86.

Ansprache

Sie kennen vielleicht schon die berühmte Geschichte von Margaret Fishback Powers, die die Taufeltern für heute ausgewählt haben. Darin ist von einem Mann die Rede, der einen Traum hatte. Er träumte, er würde mit Christus, seinem Herrn, am Strand entlanggehen. Vor ihm zogen Szenen aus seinem Leben vorbei und für jede Szene waren Fußspuren im Sand zu sehen. Meistens waren es zwei Abdrücke, die Spur des Herrn und seine eigene, aber gerade in Zeiten der größten Not und Traurigkeit war nur *eine* Spur zu erkennen. Und so fragte er: Herr, ich habe bemerkt, dass zu den traurigsten Zeiten meines Lebens nur *eine* Fußspur zu sehen ist. Du hast aber doch versprochen, stets bei mir zu sein. Ich verstehe nicht, warum du mich da allein gelassen hast. Da antwortete ihm der Herr: Mein liebes Kind. Ich liebe dich und habe dich niemals allein gelassen. In den Tagen, an denen du am meisten gelitten hast und mich am nötigsten brauchtest, da wo du nur *eine* Spur im Sand siehst, da habe ich dich getragen.

(Jetzt erst die Karte austeilen!)

Wir möchten also, dass einer mitgeht, der dich, N. N., auch dann noch begleitet und trägt, wenn unsere Arme zu kurz sind. Dazu verhilft die Taufe: Ich gebe mein Kind für gute und böse Tage Jesus an die Hand.

Das gelingt aber nur, liebe Eltern und Paten, wenn Sie dem Kind bald von diesem Jesus erzählen und es lehren, mit Jesus zu reden und auf ihn zu hören. Es gibt so viele schöne Kinderbibeln, die Ihnen dabei helfen können; denn sie erzählen viele solcher Geschichten, in denen Jesus Menschen getragen hat, die zu versinken drohten: Petrus, die Sünderin, Zachäus, Kranke und viele andere. Am schönsten aber ist die Geschichte von dem erwachsenen Kind, das in der Fremde verloren geht und dann doch in die Arme des Vaters zurückfindet (Lk 15,11–24). Solche Geschichten von Jesus bauen auf, stabilisieren für das Leben. Sie sind aus sich so stark, dass Sie sie auch vorlesen oder erzählen können, wenn Ihre Zweifel das Vertrauen auf Gott angenagt haben sollten.

So bewahren Sie diese Karte gut auf, und wenn Sie sich einmal von Jesus allein gelassen fühlen, dann lesen Sie diese Fußspuren-Geschichte noch einmal!

49. Im Zeichen eines elektrischen Leuchters

Symbol/Vorbereitung

Ein *mehrarmiger Kerzenleuchter* wird niedrig gehängt oder liegt auf einem kleinen Tisch. Einige Kinder drehen je eine »Kerze« in die Fassungen, bis sie aufleuchten, da die Lampe angeschlossen ist. *Eine* Fassung bleibt frei für den Täufling.

Ansprache

Wenn es dunkel wird, sind wir froh, solche Lampen zu haben. Dieser Kerzenleuchter soll für Jesus stehen, der gesagt hat: »Ich bin Licht für diese Welt« (Joh 8,12). Da er für uns unsichtbar ist, braucht er aber Mädchen und Jungen, die das Leuchten aus Seiner Kraft übernehmen; denn er hat auch gesagt: »Ihr seid das Licht für die Welt« (Mt 5,14). Darum haben schon einige Kinder ihre Birnen eingedreht, und ihr seht, sie leuchten, weil sie fest sitzen und Kontakt mit Jesus haben, von dem sie den Strom, die Leuchtkraft erhalten. Eine Stelle ist noch frei. Was meint ihr: Wer darf da gleich noch etwas einschrauben? Ja, N. N., unser Täufling!

Jesus hat aber noch etwas gesagt: ... Bleibt mit mir verbunden (Joh 15,1–5)! Was passiert, wenn ich dort den Stecker rausziehe? ... Bleibt mit mir verbunden, das heißt: Haltet Kontakt mit mir, indem ihr mit mir sprecht, auf mich vertraut, mich in den Ärmsten, Kranken und Alten sucht. Dann machen wir die Welt heller und wärmer!

50. In Gott leben – wie ein Fisch im Wasser

Symbol/Vorbereitung

Ein kleines *Aquarium*, in dem vielleicht ein paar Fische schwimmen. Das *Taufkännchen*, hoch mit Wasser gefüllt.

Ansprache

Wir leben in Gott – wie ein Fisch im Wasser. Das können wir hier an dem Aquarium sehen oder uns vorstellen. Da fällt mir eine Geschichte von einem jungen Fisch ein, der war sehr neugierig und wollte immer alles ganz genau wissen. Und so schwamm er zu seiner Mutter und fragte sie: »Mami, was ist dieses Wasser, von dem ich so viel höre?« Die Mutter konnte über so eine Frage nur staunen und antwortete ihrem Kind: »Wasser ist überall um dich herum und in dir und schenkt dir Leben.«

Und da war auch einmal ein kleines Hündchen, das tapste zu seiner Mutter und fragte: »Mami, was ist die Luft, von der ich so viel höre?«

Seine Mutter sagte: »Du dummes kleines Hündchen, Luft ist überall um dich herum und in dir und schenkt dir Leben.«

Und es war einmal ein kleines Mädchen, das kam zu seiner Mutter und fragte: »Mami, was ist dieser Gott, von dem ich so viel höre?«

Wenn ich den letzten Satz sinngerecht ergänze, dann heißt das: »Du dummes kleines Mädchen, Gott ist um dich herum und in dir und schenkt dir Leben.«

Wir leben in Gott wie ein Fisch im Wasser!

Aber das Wasser hier im Aquarium verdunstet, es muss immer wieder nachgegossen werden, wenn die Fische weiterleben sollen.

(L. nimmt das Taufwasserkännchen) Jetzt bei der Taufe kommt ein kräftiger Guss hinein *(tut es)*. Aber das reicht nicht für ein ganzes Leben! Deshalb stehen auch getaufte Kinder in der Gefahr auszutrocknen. Denn unsere Zeit ist hektisch geworden. Wir haben Zeit für alles, aber wenig Zeit für die Stille, für das Umarmen, für das Zuhören, für das »Von-Gott-Erzählen …« Darum braucht unser kleiner Fisch noch das Vitamin »V« = das Vorbild *(L. gießt jetzt immer einen kleinen Guss hinzu, achtet natürlich darauf, dass genug Wasser für die Taufe im Kännchen bleibt)*.

Wo ein Vorbild ist,

- da wird gemeinsam gebetet;
- da wird von Gott erzählt; es gibt so viele tolle Kinderbibeln;
- da wird im Kindergarten, in der Schule, in Sendungen im Fernsehen auch von Gott und Jesus Christus erzählt;
- da gibt es die so genannten »Rituale«, immer gleichbleibende Zeichen: das Kreuzchen auf die Stirn; das Entzünden einer Kerze für einen Menschen in Not; den stillen Gruß, wenn wir an einem Wegkreuz vorbeikommen.

Das alles müsste natürlich geschehen in der Geborgenheit der Familie, in der der kleine »Fisch« sich angenommen weiß.

- Der letzte Guss kommt von den Paten: Das Kind muss auch *außerhalb* der Familie auf Menschen treffen, denen der Glaube an Gott und Jesus Christus wichtig ist.

Sehen Sie, jetzt haben die »Fische hier im Aquarium« mehr Chancen, in der Welt, in Gott und in der Kirche zu leben, d. h. genügend Wasser zu finden.

51. Die wichtigsten Richtungen des Lebens

Symbol/Vorbereitung

Zwei kleine *Webrahmen*: der eine Webrahmen ist nur senkrecht bespannt, der andere zeigt ein Stück Gewebe aus senkrechten *und* waagerechten Fäden.

Ansprache

Gleich mache ich dir ein kleines Kreuzchen auf die Stirn. Das Kreuz soll das freudige Zeichen für die Aufnahme in die große Gemeinschaft der Kirche sein. Die Eltern und Paten zeichnen es danach auch auf deine Stirn. Dieses Kreuz begegnet dir hoffentlich immer wieder!
Das Kreuz zeigt dir die wichtigsten Richtungen an, die du im Leben beachten sollst. Wenn wir ganz langsam und bewusst das Zeichen des Kreuzes über uns zeichnen, dann erfahren wir die beiden Richtungen: Ja, es gibt die Richtung von oben nach unten und von links nach rechts an. Der senkrechte Balken des Kreuzes soll sagen: Sieh nach »oben«, suche Gott hinter allen Dingen, und öffne dich für deinen Schöpfer, der dir Sinn und Ziel im Leben geben will! – Der waagerechte Balken des Kreuzes sagt: Schau auch zur Seite, und hab ein Herz für jeden neben dir, vor allem für den, der in Not ist!
Ein einfaches Kreuz erinnert uns also immer wieder an die wichtigsten Richtungen in unserem Leben, die Jesus genannt hat: Gottes- und Nächstenliebe (Mt 22,34–40).
Diese beiden Webrahmen hier können das noch verdeutlichen: Der eine Rahmen ist nur mit senkrechten Fäden bespannt. Sie können die Fäden einer »Nur«-Gottesliebe darstellen, oder wenn ich den Rahmen um 90° drehe, einer »Nur«-Nächstenliebe. Würde ich nun diese Fäden mit der Schere herausschneiden, hätte ich nur loses Gefransel in Händen.

Ähnlich ist das mit einem Menschen, der *nur* Gottesliebe oder *nur* Nächstenliebe zeigt: Der eine wäre uns zu fromm und weltfremd, und der andere steht in der Gefahr, sich enttäuscht zurückzuziehen, wenn er merkt, wie undankbar Menschen sein können; oder er könnte verzweifeln, wenn er mit allzu Schwerem und Bedrückendem fertig werden muss.

Bei diesem zweiten Webrahmen hier ist es richtig: Da sind die senkrechten Fäden der Gottesliebe mit den waagerechten der Nächstenliebe verwoben. Wenn ich hier mit der Schere die Fäden vom Rahmen losschneide, hält das Gewebe zusammen. An einem solchen Menschen mit Fäden, die ihn mit Gott und dem Nächsten verbinden, können wir uns »erwärmen«, ja, so einer macht die Welt wärmer.

Wir dürfen immer an diese wesentlichen Richtungen in unserem Leben denken, wenn wir beim Betreten des Gotteshauses ein Kreuz über uns schlagen, wenn Vater oder Mutter uns segnet oder am Wegrand ein Kreuz grüßt.

(NACH ARBEITSKREIS ST. ELISABETH, NEUSS-REUSCHENBERG)

52. Tauferneuerung mit Kommunionkindern

Symbol/Vorbereitung

Die *Kommunionkerze* wird überreicht. Wenn weiße Kommuniongewänder für alle Kinder vorgesehen sind, können sie heute zum ersten Mal getragen werden. Die Osterkerze brennt.

Ansprache

Liebe Kommunionkinder! Heute spielt zum zweiten Mal eine Kerze in eurem Leben eine große Rolle. Die erste habt ihr gar nicht bemerkt. Das war bei der Taufe. Ein Taufpate nahm eure Taufkerze und entzündete sie an der Osterkerze – wie ihr das auch gleich tut. Dann bekamt ihr auch ein weißes Gewand übergelegt oder angezogen. Licht und Gewand wollten sagen: Du gehörst zu Gott. Du bist ein Kind des Lichtes. Mache die Welt heller.

Vielleicht haben die Eltern gedacht, als sie dir das Leben schenkten: Unser Kind wird wie ein Lichtstrahl in dieser Welt leuchten. Damit das gelingt, solltest du dich entzünden lassen von dem, der gesagt hat: »Ich bin das Licht der Welt« (Joh 8,12)! Darum nahm der Pate das Licht von der Kerze, die Jesus, das Licht, darstellt: von der Osterkerze.
Aber es gehören immer zwei dazu: Jesus, der möchte, dass du brennst, Helligkeit und Wärme abgibst, und du, der entscheiden kann, ob du das überhaupt willst oder lieber Spaß daran hast, Dunkles, Böses, Angst und Entsetzen in die Welt zu bringen.
Darum seid ihr hier, heute selbst das zu bestätigen, was damals Eltern und Paten für euch gesagt haben. Kommt also zuerst nach oben, um eure Kerzen an der Osterkerze zu entzünden. *(Bei sehr vielen Kindern: auch von den Altarkerzen)*
Jetzt, wo eure Kerzen brennen, darf ich euch fragen wie damals die Eltern und Paten:
Widersagt ihr allem, was unsere Welt und unser Miteinander zerstört, was böse und gemein ist?
Alle: Wir widersagen!
Glaubt ihr an Gott, der ein Herz hat für alle Menschen und uns immer liebt, auch wenn die Menschen in ihrer Freiheit manches Unheil anrichten?
Alle: Wir glauben!
Glaubt ihr, dass er uns Jesus geschickt hat als einen Freund an unserer Seite, der nicht nur ein großartiger Mensch war, sondern uns auch die letzte Tür zum Himmel geöffnet hat?
Alle: Wir glauben!
Glaubt ihr, dass Gottes guter Geist in jedem Herzen den Frieden bewirken kann, *wenn* es sich öffnet?
Alle: Wir glauben!
Glaubt ihr, dass ihr nicht allein unterwegs zu Gott seid, sondern in der Gemeinschaft der Kirche mit vielen Christen?
Alle: Wir glauben!
Dann zieht jetzt in einer Prozession durch die Kirche, um damit zu zeigen: Wir möchten unser Licht in die Welt tragen – zu allen, die in Angst

und Dunkel leben, und wir möchten weitersagen, dass Jesus alle Menschen liebt.
Kanon: Mache dich auf und werde Licht (Tr 507)
Lied: Du bist das Licht der Welt (Tr 1078)
Gottes Liebe ist wie die Sonne (Tr 5) usw.

(Wenn auch die Paten anwesend sind, sie noch einmal das Kreuz auf die Stirn des Kindes zeichnen lassen, und da ein Kommunionkind schon groß ist: Zeichnet jetzt umgekehrt das Kreuz auf die Stirn des Paten!)

Weitere Anregungen: Die Kinder bringen in bemalten Fläschchen etwas Wasser mit, das – zusammengeschüttet – gesegnet wird. In dieses Wasser werden die Kommunionkerzen vor dem Entzünden getaucht. Mit dem gesegneten Wasser kann das Kommunionkind bewusst das Kreuzzeichen über sich machen.
Evangelium: Mt 3,13–17: »Das ist mein geliebter Sohn« = Du bist sein geliebtes Kind.

WEITERE GEEIGNETE ANSPRACHEN FÜR DAS ERSTKOMMUNIONALTER IN DIESEM BUCH:
NR. 1–30, 53–61, 63, 64.

Taufansprachen für Taufbewerberinnen und -bewerber im Firm- oder Konfirmandenalter

53. Sich vom Magneten halten lassen

Symbol/Vorbereitung

Ein *Magnet*, ein großer Nagel, ein paar Büroklammern.

Ansprache

Es gibt Stars mit ungeheurer Anziehungskraft. Und es gibt Fans, die würden ohne nachzudenken, eine eisige Nacht vor einem Hoteleingang warten, nur um einen Blick auf den angebeteten Star werfen zu können; für ein Autogramm würden sie nahezu alles tun. *(L. zeigt den Magneten)*
Auch Jesus hatte eine große Anziehungskraft. Er war wie ein Magnet, in dem Gottes Hand über die Erde fuhr. (nach Alfred Salomon)
Sie, N.N., haben sich entschieden, so nahe an diesen Magneten zu gehen, dass Sie freiwillig immer mit ihm verbunden bleiben. *(L. geht mit dem großen Nagel in die Nähe des Magneten)*
Ich kann seine Anziehungskraft erst spüren, wenn ich nahe genug herangehe. Bin ich dann mit ihm verbunden, richtet er mich aus, ja, erfüllt mich mit seinem Geist, mit seiner Kraft. Durch und durch werden wir magnetisiert und dann – *(L. fügt Büroklammern an)* kann ich auch andere halten.
(Hier können auch die Freunde nach vorn kommen und ihren Nagel/ihre Büroklammer an den Magneten anheften)
Das haben schon genug Menschen bewiesen, wie viel Ausstrahlungskraft der Glaube an Jesus Christus haben kann. Aber alle wussten auch, von wem sie diese Kraft erhalten haben. Dankbar blicken wir noch einmal in die Heilige Schrift: Am Pfingsttag bewies die Predigt des hl. Petrus so viel Anziehungskraft, dass sich dreitausend Menschen spontan taufen ließen (Apg 2,1–11).

Zur Taufe beglückwünschen wir gleich auch Sie, N.N., und beten darum, dass Sie sich gehalten fühlen, damit Sie andere halten können.

54. Vom Blick über den Horizont hinaus

Symbol/Vorbereitung

Ein *Kaleidoskop* oder mehrere, die während der Ansprache durch die Reihen gehen. Es werden auch kleine Kaleidoskope zu erschwinglichen Preisen in Katalogen für Werbegeschenke angeboten.

Ansprache

(L. schaut durch das Kaleidoskop:) Wunderschön! Herrlich! Eine »Schönbildschau!« Obwohl Sie alle das Geheimnis eines Kaleidoskops ja kennen: Am unteren Ende liegen nur Bruchstücke von bunten Kristallsteinchen und Metallteilen, die durch die Brechung des Lichtes im Prisma in faszinierenden Formen und Farben strahlen. Es entsteht also gerade im Zusammenspiel der Scherben und Bruchstücke Schönheit, Vollkommenheit, Faszination. *(L. lässt es durch die Reihen gehen)*

Die Wirklichkeit sieht für euch, liebe Jugendliche, oft anders aus: Vieles geht in unserem Land »den Bach runter«, immer mehr Sackgassen tun sich auf, immer weniger Menschen vertrauen auf Gott. Ich will die Schwierigkeiten jetzt gar nicht alle aufzählen, um uns nicht in dieser Feier negativen Gedanken hinzugeben.

Wenn wir diesem Heranwachsenden ein Kaleidoskop an die Hand geben, dann will das besagen:

1. Wir wissen, dass unsere Arme oft zu kurz sind und schon viele Generationen die wunderbare Schöpfung ausgebeutet und zerstört haben. Aber wir geben dich in die Hände eines Gottes, der auf krummen Zeilen gerade schreiben, der alles Bruchstückhafte zu einem guten Ende führen kann. Er hat es in seinem Sohn gezeigt, der im vermeintlichen Scheitern am Kreuz für uns die Tür zu einer anderen Welt aufgeschlossen hat. Darum kannst du mit diesem Gott sogar »Scherbengerichte« im Leben überstehen.

2. Wir geben dich in der Taufe an die Hand des Gottessohnes, der in seinem Leben gezeigt hat, wie Menschen aufgerichtet werden können, die nur noch die Scherben ihres Lebens vom Boden aufheben. Er hat gezeigt, wie man gegen Unrecht und Vorurteile ankämpfen kann und so Zerbrochenes zusammenfügt. Mit ihm kannst du alle Scherben dieser Welt in anderem Licht sehen.
3. Wir geben dir diese »Schönbildschau« mit auf den Weg, damit du ab und zu hineinsiehst: über den Horizont dieser Welt hinausschaust. Denn das Scheitern in dieser Welt ist nicht das Letzte! Wir glauben an eine Welt, in der Gott wieder alles zusammenfügt, damit wir das Fest der Feste feiern können – in Harmonie mit allen Menschen. Solch eine Vision kann dich immer beflügeln, den nächsten Schritt zu wagen!
4. So freuen wir uns, dir diesen positiven Blick für das Leben zu schenken, den jeder haben kann, der sich auf Gott einlässt.

55. Mit neuer Energie

Symbol/Vorbereitung

Eine *Windmühle* ist im Altarraum aufgebaut. Auf den Flügeln stehen die Namen der Konfirmanden/der Jugendlichen oder ihre Fotos sind angeheftet. Eine Stelle ist noch für den Täufling frei.

Ansprache

Die Jugendlichen haben sich mit der Windmühle nicht umsonst Mühe gemacht. Wir dürfen sie gleich noch um eine Person ergänzen, die in Zukunft ihre »Flügel« in den Wind Gottes halten will.

Das Symbol ist klar. Wer seine Flügel nicht in den Wind Gottes hält, der bemerkt auch keine Wirkung. Wer es aber wagt, der spürt, wie neue Energie ihn bewegt.

An Pfingsten muss doch Ungeheuerliches passiert sein (Apg 2,1–11): Die Jünger – aus Angst vor Verfolgung und Anfeindung hinter verschlossenen Türen – waren plötzlich begeistert, schlossen die Türen auf und konnten dreitausend neue Anhänger gewinnen! Solch eine Energie bräuchten wir auch. Das würde bedeuten: Die Angst vor der Häme der anderen fallen zu lassen; sich in einer Gemeinschaft stark zu fühlen; diesen Tag nicht zum feierlichen Auszug aus der Kirche zu benutzen, sondern zum Neuanfang! Weil wir uns von Jesus wirklich anhauchen ließen (Joh 20,22)! Das wünschen wir dir, N. N. *Alleine* ist das ungeheuer schwer. Darum schreibe gleich nach der Taufe deinen Namen neben die Namen derer, auf die du zählen kannst.

56. Mit dem Rucksack in die Welt hinaus

Symbol/Vorbereitung

Ein *Rucksack* mit *Amethyst, Schatzkiste, Kerze, Herz, Kreuz*.

Ansprache

Wenn aus Kindern Jugendliche geworden sind, die manchmal schon die Eltern überragen, dann ist der Zeitpunkt näher gerückt, einen Rucksack für eine längere Reise zu packen.

Darum steht der Rucksack hier. Er gehört N. N., den wir heute in unsere große Gemeinschaft durch die Taufe aufnehmen dürfen. Er hat schon den Reiseproviant in den Rucksack gepackt, auch, was ihm sonst ans Herz gewachsen ist; jetzt will ich ihm aber noch ein paar Gegenstände in den Rucksack legen, mit denen ich kleine Einsichten verbinde. Es sind gut gemeinte Tipps für deinen Weg! Ich hoffe, dass ich das darf. Keine Angst, der Rucksack wird nicht viel schwerer.

1. Hier habe ich einen kleinen *Amethyst*. Ich liebe Steine. Sieh mal seine Außenseite: einfach ein Stein wie jeder andere. Aber schau mal nach innen: Nicht zu fassen, so wunderbar! Und nun mein Tipp: Jeder und jede, die dir begegnen, haben Schätze und Qualitäten in sich. Will ich sie entdecken, dann muss ich nach diesen inneren Werten suchen und darf mich nicht vom Äußeren ablenken lassen. *(L. legt den Amethyst in den Rucksack, schaut zum Täufling:)* Darf ich weiterpacken?
2. Dann habe ich hier eine kleine *Schatzkiste*: Ein Freund, eine Freundin ist wie ein Schatz auf dem Weg. Den oder die bekommt man *ge-*

schenkt. Geschenke kann man nicht herbeizwingen! *(L. verstaut die Schatzkiste)* Darf ich weiterpacken?

3. Diese *Kerze* hier lässt dich bei extremen Kältegraden in einem kleinen Zelt nicht erfrieren! Die ganze Finsternis der Welt, selbst der schlimmste Frust, kann nicht das Licht dieser Kerze löschen. Lass sie dir als letzte Reserve, wenn du meinst, es geht nicht mehr weiter. Übrigens: Geteiltes Licht leuchtet doppelt so hell.
4. Jetzt lege ich noch dieses *Herz* dazu, knetbar. Bleib ein herzlicher, freundlicher Mensch, das ist mehr wert als Gold und Edelsteine!
5. Und dann noch dieses kleine *Bronzekreuz*. Das hat mit dem heutigen Tag zu tun. Das Kreuz zeigt die beiden wichtigsten Richtungen im Leben an. Der Längsbalken sagt: Schau hinter alles, was sichtbar ist, und häng dich voller Vertrauen an Gott. Der Querbalken sagt: Schau nach rechts und links und entdecke die Liebe zum Nächsten. Nächstenliebe, die vom Vertrauen auf Gott getragen ist, hat einen langen Atem.
   Das Kreuz: Was einmal als Abschreckung für Verbrecher erfunden wurde, steht jetzt als Segenszeichen über dir. Auf all deinen Wegen. Im Namen Jesu Christi dürfen wir dich jetzt taufen. Danach schaffst du es spielend, den Rucksack durchs Leben zu tragen.

(Denkbar sind auch ein Kompass = Gewissen; ein Regenbogen = Frieden halten; zwei ineinander gelegte Hände = Frieden, Versöhnung; oder eine Orientierungskarte = eine kleine Bibel)

57. Vom Wunder der Schöpfung

Symbol/Vorbereitung

Die abgebildete *Postkarte* für jede(n): SK 300 beim Schwabenverlag, Senefelder Str. 12, D-73760 Ostfildern: Tel. 07 11/44 06-165, Fax -/44 06-177, Internet: www.schwabenverlag.de (Staffelpreise). Auch als Andachtsbild Nr. 857 D beim Rottenburger Kunstverlag Ver Sacrum erhältlich, D-72108 Rottenburg, Tel. 0 74 72/30 11, Fax -/36 48.

© SIEGER KÖDER, SCHÖPFUNG

Ansprache

Wir sehen unten die große Hand Gottes, aus der die ganze Welt erwachsen ist und sich in Jahrmillionen entwickelt hat. Der rote Urknall muss sich aber immer wieder ereignen: Die Liebe muss auch heute noch die treibende Kraft sein, sonst leben wir alle in einer grausamen Welt.
Wir sehen, wie aus dem Urgestein, aus Wiesen und wogenden Weizenfeldern auch Ihr Liebesgarten, liebe Eltern, möglich wurde. Auch wir dürfen es erleben, wie die Vögel morgens ins Morgenrot auffliegen und uns abends die Gestirne umgeben, wie der Duft der Rosen uns bezaubert.
Das ganze Bild ist vom Blau umgeben, das bei Künstlern wie Chagall und hier Sieger Köder sagen will: Du brauchst keine Angst zu haben, denn du stehst in der Gegenwart Gottes. Er hat uns ja im brennenden Dornbusch seinen Namen verraten: »Ich bin der, der für euch da ist« (Ex 3,14). Und Jesus als der sichtbare Gott hat diesen Namen noch »verlängert«: »Seid gewiss: Ich bin bei euch alle Tage bis ans Ende der Welt« (Mt 28,20b). Wenn wir also im Leben fallen, so fallen wir immer in die großen Hände Gottes. Darum kann uns dieses Bild später immer wieder an die Taufe erinnern und uns ins Gedächtnis rufen: Du bist eingeschrieben in die Hände Gottes (Jes 49,16), und wir wissen dich an der Hand Jesu.
In diese Hände dürfen wir jetzt auch das Wunder der Schöpfung, Ihr Kind, diesen Jugendlichen stellen.

Aber, liebe Jugendliche, ihr seht auf dem Bild: Der Wurm ist drin. Die Schlange, die in jedem von uns stecken kann und Freude daran hat, alles auf der Welt durcheinander zu bringen, sie zieht sich durch die ganze

Schöpfung. Deshalb braucht ihr einen Schutz. Darum sind wir hier. In der Taufe nimmt uns Jesus an die Hand: Gott hält seine schützenden Hände über uns. Das macht Ihre Bemühungen, liebe Eltern, auch weiterhin nicht überflüssig, doch Sie werden manchmal spüren, dass Ihr Jugendlicher einen ständigen, unsichtbaren Begleiter hat, der ihm Orientierung gibt.
Darum, lieber Täufling, stell dieses Bild zur Erinnerung an die Taufe irgendwo auf oder kleb es in dein Album, um nicht zu vergessen: Du bist jetzt eingeschrieben in die Hände Gottes (Jes 49,16). Wir wissen dich an der Hand Jesu. Mit ihm fällt manches leichter!

58. Flagge zeigen

Symbol/Vorbereitung

Eine *Flagge* oder *Fahne*.

Ansprache

(L. nimmt die Fahne/Flagge) Wenn ich die Fans zu ihrem Club ziehen sehe, freudig die Fahne schwenkend und somit auch »Flagge« zeigend, dann befällt mich immer ein bisschen Wehmut: Die sind bereit, sich für diese Flagge verprügeln zu lassen; die fragen nicht nach dem Wetter oder dem Geld, die kriegen bei den Liedern sogar den Mund auf, obwohl sie hier in der Kirche angeblich alle im Stimmbruch sind.
Weil du, N. N., dich heute taufen lassen willst, zeigst du auch Flagge: In einem Alter, in dem andere sich jetzt feierlich von der Kirche verabschieden, willst du den Neuanfang wagen und für Jesus Christus die Fahne schwenken. Übrigens hat der auferstandene Jesus auf vielen Darstellungen eine Fahne in der Hand, was ausdrückt: Er will seine Gefolgschaft sammeln, damit sie *gemeinsam* loszieht und Flagge zeigt. Für dein Bekenntnis herzlichen Dank!
Du trittst durch die Taufe in eine Gemeinschaft ein. Hier fällt es leichter, den Glauben zu bekennen. Das sind Augenblicke, die einen stark machen wollen für die Situation in der Woche, wenn es schwer fällt, Flagge zu zeigen. Solange es wenigstens *einen* Elternteil gibt, der überzeugend

mitkämpft, oder einen Paten, einen Freund, eine Freundin, die mitziehen, kann das auch andere bewegen, ihre zusammengerollten Flaggen wieder auszupacken.
Wir wünschen dir ein christliches Rückgrat, und wenn du es wagst, Christus zu bekennen, wirst du im Innern spüren, dass du auf dem richtigen Weg bist.

(NACH ULRIKE FELL, D-50126 BERGHEIM/ERFT)

59. Vom Wasser des Lebens

Symbol/Vorbereitung

Nachstehende Zeichnung eines *Brunnentroges* für jeden aufs Liedblatt kopieren.

MARINA SCHLANG

Ansprache

Zum Andenken an die Taufe von N. N. finden Sie auf dem Liedblatt die Grafik eines *Brunnentroges*, wie wir ihn aus den Bergen kennen.

1. Wir sehen, wie die Brunnenschale von einem Zufluss mit klarem Wasser gespeist wird. Das will sagen: Letztlich erhalten wir alles für die Brunnenschale unseres Lebens geschenkt: die Liebe unserer Eltern und aller, die sich uns zuwenden. Wie sehr müssen wir Gott

dafür dankbar sein, der letztlich Geber aller Gaben ist, weil er uns ja das Leben geschenkt hat. Leider sind wir in unserem Land oft so undankbar, so vergesslich, so gleichgültig, so unzufrieden, ja auch verzweifelt. Andere Länder würden sagen: Eure Probleme hätten wir gerne, gerade mit Blick auf die Zukunft der Kinder.

2. Liebe Eltern! In N. N. haben Sie der Welt eine neue Brunnenschale geschenkt – wir freuen uns darüber, dass Sie die Brunnenschale Ihres Kindes mit Liebe, Vertrauen und Geborgenheit füllen konnten. Denn erst, wenn sich Ihr Heranwachsender damit »gesättigt« sieht, kann er die wichtige nötige Selbstliebe entwickeln. Nicht zu viel, aber auch nicht zu wenig galt es hineinzugießen! Wir wissen alle, wie schwer das heutzutage ist.
3. Wir gießen heute in der Taufe noch ein heiliges Wasser in diese Brunnenschale von N. N. Es will den ganzen Inhalt heiligen und manches aufgewühlte, vielleicht sogar verunreinigte Wasser klären. Sagt Jesus doch am Jakobsbrunnen: »Das Wasser, das ich gebe, wird im Menschen zur sprudelnden Quelle, deren Wasser ewiges Leben schenkt« (Joh 4,14b). Es ist ein lebendiges Wasser, das sogar den inneren Durst, die innere Sehnsucht des Menschen stillen kann. Gerade ein Jugendlicher braucht da eine Ausrichtung in einer Welt, die auch zweifelhafte Angebote bereithält.
4. Wenn Ihre Wasser der Zuwendung, liebe Eltern und Paten, und das lebendige Wasser, das Gott verspricht, die Brunnenschale Ihres Heranwachsenden füllten, dann kommt – so hoffen wir – der Zeitpunkt, in dem deine Wasser der Seele und des Herzens, lieber N. N., überfließen. Das bekommt einmal der Partner zu spüren, der sich von dir angezogen fühlt; spüren wird es aber vielleicht auch jeder von uns, der sich über deine Brunnenschale freuen darf, der hier Rast machen und trinken darf.

Darauf wollen wir geduldig warten, aber Gott bitten, dass dieses Abenteuer gelingt! Mit Jesus Christus ist dieses Ziel jedenfalls leichter zu erreichen!

60. Vom christlichen Weg

Symbol/Vorbereitung

Die vergrößerte Grafik des *Daumenabdruckes mit einem Gesicht*.

Ansprache

(L. zeigt den Daumenabdruck) Dreizehn Milliarden solcher Daumenabdrücke sind in unserer Welt möglich. Jeder ist anders!

Sie sehen in diesem vergrößerten Daumenabdruck ein Gesicht gemalt. Es ist schwierig, dieses als männlich oder weiblich einzuordnen, aber – der Mensch steht ja höher als die Einordnung in Mann und Frau. Gott schuf ihn – den Menschen – als sein Ebenbild. Es ist also auch das angedeutete Gesicht des Schöpfers dieser Erde.

Wer sein Kind nur *religiös* erzieht, der bringt ihm bei: Du darfst nie einen Menschen ins Gesicht schlagen oder ein Tier quälen oder eine Pflanze leichtfertig vernichten, weil du dann dem Schöpfer, der das alles sich hat entwickeln lassen, ins Gesicht schlägst. Denn die ganze Schöpfung ist ja das Kleid der Herrlichkeit Gottes.

Nun willst du, N. N., heute getauft werden. Du möchtest also sogar den *christlichen* Weg gehen. Dann heißt dieser Weg: Du darfst nie Tiere quälen oder irgendein Geschöpf ausbeuten, weil du dann Jesus Christus ins Gesicht schlägst. Vielleicht erinnerst du dich noch an die Lebensgeschichte des hl. Martin: Nachdem er seinen Mantel mit dem Bettler geteilt hatte, sah er im Traum nicht den Bettler, sondern Jesus Christus, der den halben Mantel um die Schulter trug – (gemäß dem Wort aus der Bibel: »Was ihr für eine/n meiner geringsten Brüder oder Schwestern getan habt, das habt ihr *mir* getan [Mt 25,40]!)

Du siehst, der Unterschied zwischen religiös und christlich ist nicht so groß. Aber für den Weg mit Christus, der uns nach unserem Glauben in jedem Menschen begegnen kann, bekommst du besondere Hilfen an die Hand:

1. Du ergreifst in der Taufe die Hand Jesu Christi. Das geschieht natürlich nicht wie von selbst. Der erste Wasserguss gleich ist der Beginn einer lebenslangen Haltung: Du kannst Gott vertrauen! An den entscheidenden Wegkreuzungen des Lebens kannst du seine Nähe immer wieder erfahren; er hat ja gesagt: »Ich bin bei euch alle Tage bis ans Ende der Zeit« (Mt 28,20b)! Lass also immer wieder neue Wassergüsse der Begegnung zu: im Gebet, im Lesen der Heiligen Schrift, im Sakrament des Abendmahles (der Eucharistie).
2. Die zweite Hilfe: Du wirst heute hier in eine große Gemeinschaft aufgenommen. Gemeinsam fällt alles leichter: das Beten, das Singen, die Bewältigung eines Schicksalsschlages. Dafür haben wir auch dieses große Haus Gottes gebaut, damit sich die Getauften hier als Gemeinschaft erfahren können, denn in der Woche sind sie so oft allein auf weiter Flur.

So feiern wir heute den Beginn deines christlichen Weges. *Ein* Weg, für uns Christen der einfachste und kürzeste, unsere Schöpfung zu erhalten und zu heilen. Und uns mitten darin.

61. Kopie und Original

Symbol/Vorbereitung

Ein *Stempel* »Diese Kopie stimmt mit dem Original überein«. Eine beglaubigte Urkunde zeigen.

Ansprache

Oft muss ich im Pfarrbüro eine Urkunde oder ein Zeugnis beglaubigen. Dann setze ich auf die Kopie/Ablichtung das Pfarrsiegel und den Stempel »Diese Kopie stimmt mit dem Original überein«. Außerdem füge ich noch Ort, Datum und meine Unterschrift hinzu.

Die Taufe ist auch so etwas wie eine Ablichtung von Jesus. Mit der Taufkerze nehmen wir »Licht vom Lichte« der Osterkerze, die Christus dar-

stellt. Wir sind ja auch nach Gottes Bild und Gleichnis geschaffen (Gen 1,27). Die Taufe macht uns im Wesentlichen mit Jesus gleich, nur das Unwesentliche (bei der Kopie: Papierart, Größe, Farbe ..., beim Täufling: Geschlecht, Alter, Verwandtschaft ...) weicht ab.
Auf einem Pfarrsiegel, mit dem beglaubigt wird, ist oft der Pfarrpatron zu sehen: Er hat sein Leben hingegeben für das Original. Er wollte »Brief und Siegel« dafür geben, mit dem Original Jesus übereinzustimmen.
Es wäre schön, wenn wir in deinem Leben, lieber N. N., der wir dich jetzt taufen dürfen, später noch das Original Christus erkennen können und dein Christsein nicht verblasst oder unkenntlich wird.
Jetzt freuen wir uns über die große Auszeichnung, die dir in der Taufe geschenkt ist: Du wirst Christus ähnlich. Wenn zudem das Original an uns Getauften, besonders an Ihnen, liebe Eltern und Paten, leicht zu erkennen ist, dürfte es dir nicht schwer fallen, Jesus, dem wirklichen Original, nachzufolgen.

(NACH PFARREI COSMAS & DAMIANUS, D-59329 WADERSLOH-LIESBORN)

Weitere geeignete Ansprachen für das Konfirmanden- und Firmalter in diesem Buch:

Nr. 1, 3–10, 12, 16, 21, 23, 24, 27, 31, 44, 46–48, 51, 62, 64, 66.

Taufansprachen für erwachsene Taufbewerberinnen und -bewerber

62. Ausgerichtet auf Jesus Christus

Symbol/Vorbereitung

Ein *Kompass* – eventuell groß als Poster/auf Folie – für alle sichtbar.

Ansprache

Zu viele Menschen sind orientierungslos geworden. Wenn sie dann im Dickicht der Probleme stehen, im unendlichen Meer der Enttäuschungen, in den tief hängenden Wolken depressiver Tage, dann knicken viele ein oder setzen sich mutlos an den Wegrand und möchten nicht weiter. Durch die Taufe richten Sie, N.N., Ihr Gewissen und Ihre Überzeugung wie einen Kompass auf Jesus Christus aus, der uns zum Herrn über Leben und Tod geworden ist. Wie die Nadel des Kompasses immer nach Norden zeigt, so dürfen Sie sich jetzt von Jesus an die Hand genommen fühlen, um in allen Lebenssituationen die Richtung zum Leben in Fülle zumindest im Blick zu haben.
Wenn starke Magnete in die Nähe kommen, kann die Nadel eines Kompasses abgelenkt werden. Sie wissen, was ich andeute: Keiner ist sicher vor Verlockungen, Versuchungen, Schicksalsschlägen und Schuld. Dann zittert die Nadel unserer Überzeugungen und unseres Gewissens. Aber der, dem Sie sich jetzt in der Taufe anvertrauen, kann Sie aus den Stolpersteinen heraus wieder auf den rechten Weg führen. Dabei hilft Ihnen auch der Geist Gottes, den Sie gleich mit Chrisam auf der Stirn empfangen. Er nennt sich »Beistand« auf der Suche nach dem, der unser Weg, unsere Wahrheit, unser Leben ist, bis wir einmal durch die letzte Tür schreiten dürfen.

(TEILWEISE NACH KONRAD BAUMGARTNER, VGL. PUK 1/88, S. 58F)

63. Taufe – eingetaucht werden in den Gnadenstrom Gottes

Symbol/Vorbereitung

Ein kleiner *Springbrunnen* oder der *Taufbrunnen*.

Ansprache

Sie sehen, wie das Wasser im Springbrunnen plätschert. Unsere Phantasie kann sich dabei leicht vorstellen, wie wohl sich Pflanzen und Blumen fühlen, die im Umkreis eines Brunnens leben dürfen. So lebendig dürfen wir uns auch unseren Taufbrunnen hier vorstellen.

Auf dem Taufbecken in der Laterankirche in Rom aus dem 5. Jahrhundert steht: »Hier ist die Quelle des Lebens. Den ganzen Erdkreis umspült sie. Aus der Wunde des Herrn nahm sie gesegneten Lauf.« Dazu muss man wissen, dass ein Taufbrunnen früher viel größer war und solch einer in manche Kirche heutzutage auch wieder eingebaut wird: Der Erwachsene stand bis zu den Hüften im Wasser und wurde wie in einem Bad vom Wasser umspült, damit er sich anschließend wie neugeboren fühlen sollte. Noch heute werden die Täuflinge in Russland und Griechenland dreimal (= im Namen des Vaters und des Sohnes und des Heiligen Geistes) ganz untergetaucht; das Wort taufen kommt übrigens vom Wortstamm »tauchen«. Damit soll ausdrücklich und sichtbar der Tod durch Ertrinken angedeutet werden, aber auch die Rettung aus dem Tod. Das erklärt, warum in der Osternacht, in der früher nur Erwachsene getauft wurden, die Lesung vom Durchzug der Israeliten durch das Rote Meer zu hören ist: Im Vertrauen auf Gott überwanden sie den Tod durch Ertrinken und konnten befreit von den Ägyptern ein neues Leben beginnen – sie waren also wie wiedergeboren. Getauft werden heißt: mit Christus begraben werden, um mit ihm auferweckt zu werden zum neuen Leben (Röm 6,4). Deshalb sagen auch die orthodoxen Christen: Eure Taufe mit etwas Wasser über den Kopf des Kindes spiegelt nicht mehr das volle Zeichen der Taufe wider.

Wir können es jetzt gut verstehen: Taufe heißt: eingetaucht werden in den belebenden und rettenden Wasserstrom, der aus der durchbohrten

Seite des Erlösers floss (= Joh 19,34). Sie, liebe/r N. N., stellen sich jetzt in der Taufe in diesen Gnadenstrom. Sie treten damit in die Reihe derer, die wissen, dass wir uns nicht alleine genügen, sondern noch die Hilfe »von oben« brauchen, damit wir heil und gesegnet durch diese Welt finden.

64. Wie ein leiser Hauch von Gott

Symbol/Vorbereitung

Ein *Klangspiel* mit verschiedenen gongähnlichen Klangstäben mitbringen.

Ansprache

»Alles Wesentliche ist für das Auge unsichtbar!« Wir kennen diese Weisheit von Antoine de Saint-Exupéry. Manche Geheimnisse sind auch unaussprechbar. Darum habe ich dieses Klangspiel mitgebracht, das mit seinen Klängen unterstreichen kann, welch großes Gnadengeschenk die Taufe darstellt.

Sich taufen lassen heißt ja:

- sich mit Gott intensiver verbinden *(Klangspiel anschlagen und jeweils ausklingen lassen)*;
- sich öffnen für Gottes Wirken, das Leib, Geist und Seele erfüllen will und das uns in Jesus Christus aufgestrahlt ist *(anschlagen)*;
- sich in den Regenbogen Gottes stellen – der Brücke von dieser Welt zum Himmel *(anschlagen)*;
- sich erfüllen lassen von den Gnadengaben Gottes, nämlich: der Weisheit = wissen, worauf es ankommt *(anschlagen)*;
- Einsicht zu gewinnen = lernen, mit dem Herzen zu sehen *(anschlagen)*;
- gottesfürchtig zu sein, d. h. nicht Angst zu haben vor Gott, sondern Ehrfurcht zu haben vor seinem Geheimnis und seiner unbegreiflichen Liebe, der wir auch in der Schöpfung begegnen *(anschlagen)*;

Sich taufen lassen heißt:

- sich von Jesus an die Hand nehmen lassen, der weiß, was Leid ist, der uns aber auch die letzte verschlossene Tür zum Himmel geöffnet hat *(anschlagen)*.

- sich von einer Gemeinschaft begleitet wissen – gemeinsam gelingt vieles leichter *(anschlagen)*.

Die Klänge waren wie ein leiser Hauch von Gott: Groß ist das Geheimnis, sich in der Taufe ganz mit Gott zu verbinden. Der dreifache Guss Wasser über den Kopf gleich ist der Anfang, ihm müssen noch viele folgen. Wir wünschen Ihnen, liebe/r N. N., dass Sie immer diesen leisen Hauch von Gott in Ihrem Leben verspüren.

65. Taufe – wie ein Wasserzeichen eingeprägt

Symbol/Vorbereitung

Ein Blatt *Briefpapier mit Wasserzeichen*.

Ansprache

Zu Ihrer Taufe, N. N., habe ich ein Blatt Briefpapier mit einem Wasserzeichen mitgebracht. Es kann so vieles andeuten, was an Ihnen jetzt geschehen soll:

1. Wertvolles Papier erkennt man an seinem Wasserzeichen *(zeigen!)*. Auch bei einem Geldschein bürgt das Wasserzeichen für seine Echtheit. – Die Taufe ist vergleichbar mit einem solchen Wasserzeichen, das ausdrücken will: Weil du von Gott her kommst, ist dir unzerstörbares Leben eingeprägt. Auf ewig ist Gott mit dir verbunden als Vater, Mutter, als belebender Geist. Du gehörst ihm ganz und gar. Selbst der Tod hat nicht für immer Gewalt über dich.
2. Erst wenn wir dieses Blatt gegen das Licht halten, sehen wir das Wasserzeichen. Auch der Wert der Taufe ist nicht auf den ersten Blick zu erkennen: Man muss sie gegen das Licht Christi halten. Bleibe in diesem Lichte!
3. Ein Getaufter ist kein »leeres Blatt« mehr. Mit der Taufe prägt sich Gott in besonderer Weise in sein Leben ein: Er sagt damit: Ich gehöre dir, du darfst dich in guten und bösen Tagen auf mich verlassen.
4. Dieses Blatt Papier kann ich mit der Hand zerknittern. Wenn ich es dann wieder auseinander falte, stelle ich fest: Das Wasserzeichen ist

unbeschädigt geblieben. – Das Merkmal der Taufe ist unauslöschlich, unzerstörbar.

Der Mensch kann Furchtbares anstellen und schwere Schuld auf sich laden. Aber Gott bleibt mit ihm verbunden, der Heilige Geist bleibt im »Brückenkopf des Guten« (A. Solschenizyn) in ihm wohnen. Und Jesus Christus starb, um uns einen Weg aus der Schuld zu weisen. Welche Zusage Gottes!

5. Mit der Taufe unterstreicht Gott den Wert des Menschen. Der Täufling weiß jetzt: Hinter mir steht Gott, auch und besonders in Jesus Christus.

   Wenn die Taufe so etwas Großes ist, dann lasst uns jetzt den Auftrag Gottes erfüllen (Taufbefehl Mt 28,19) und Sie, N. N., in den Gnadenstrom des dreifaltigen Gottes stellen …

(VERKÜRZT NACH WINFRIED LEINWEBER, DER DIE IDEE VOM WASSERZEICHEN SEINEM EVANGELISCHEN NACHBARPFARRER VERDANKT)

66. Gerettet – unterwegs wie in der Arche

Symbol/Vorbereitung

Die abgebildete *Postkarte* von Sieger Köder »Am Abend kam die Taube wieder (Gen 8). Sintflut« für jeden: Bestell-Nr. SK 201 beim Schwabenverlag, D-73760 Ostfildern, Tel. 0711/4406-165, Fax -/4406-177.

Auch als vierseitiges Andachtsbild Nr. 849D beim Kunstverlag Ver sacrum, D-72108 Rottenburg, Tel. 07472/3011, Fax -/3648.

© SIEGER KÖDER, SINTFLUT

Ansprache

Bei jedem Hurrican oder Tornado schwemmen die Fluten auch all das fort, was nicht zerstört ist: Hunderte, manchmal Tausende von Menschen sterben – Sintfluten, die jedes Jahr durch den Klimawandel häufiger werden.
So sehen wir auf unserem Bild unten im Wasser die Totenschädel und zerborstenen Prachtbauten und wir halten hilflos Ausschau.
Wer den Blick nach oben richtet, darf Hoffnung schöpfen: die Arche Noah (Gen 8) ruht fest und sicher auf dem Fels und ihr Fenster ist weit geöffnet. So dürfen wir Sie, N. N., durch die Taufe in die Arche der Kirche holen, die auf dem Felsen des Gottvertrauens gebaut ist und im Felsen Petri als unüberwindbar erklärt wurde. So stehen Sie durch die Taufe auf festem Grund und können die Worte Jesu vernehmen, wenn neue Stürme aufkommen: »Warum habt ihr solche Angst? Ihr habt noch einen viel zu kleinen Glauben!« (vgl. Mt 8,26).
Wenn der Blick auf unserer Karte noch höher geht, sehen wir die freundlichen Farben des Regenbogens, die Friedenstaube und die Tauben, die Gottes guten Heiligen Geist versinnbildlichen. In der Taufe aus dem Wasser und dem Heiligen Geist wird der Himmel mit der Erde verbunden und erhalten wir göttliche Kräfte, die wir zum Frieden und zur Versöhnung in diese Welt einbringen können – damit wir kräftig an einer neuen Erde und einem neuen Himmel mitwirken.
Vielleicht unterschreiben gleich noch Ihre Freunde diese Karte, damit Sie sich gerne erinnern!

67. Von der zweifachen Wiedergeburt

Symbol/Vorbereitung

Die Postkarte *»Großer Fisch mit Jona-Taube«* von Ernst Alt im Kunstverlag Maria Laach, D-56653 Maria Laach, Nr. 5346, Tel. 0 26 52/5 93 81, Fax -/5 93 86; evtl. für jeden.

Ansprache

Wir freuen uns, dass wir Sie, N. N., heute taufen dürfen. Für diesen Anlass haben wir eine Darstellung ausgewählt, die manchmal auf einem Taufbrunnen zu sehen ist. Ich darf versuchen, sie auszudeuten:

GROẞER FISCH MIT DER JONA-TAUBE, ERNST ALT, 1981

An sich ist schon die Geburt ein schmerzhafter, risikoreicher Vorgang: Durch den engen Ausgang wird das Kind in die neue Welt gepresst und weint zunächst, weil es ins Leben geworfen ist und nicht mehr die warme gewohnte Umgebung in Geborgenheit und Stille erleben darf. Aber diese große Bedrängnis liegt zweimal in Ihrem Leben vor Ihnen:

1. Die Bibel spricht von einer Wiedergeburt. Jesus antwortet dem fragenden Nikodemus: »Amen, amen, ich sage dir: Wenn jemand nicht von Neuem geboren wird, kann er das Reich Gottes nicht sehen.« Und auf die Nachfrage des Nikodemus äußert sich Jesus genauer: »Wenn jemand nicht aus Wasser und Geist geboren wird, kann er nicht in das Reich Gottes kommen« (Joh 3,3.5). Dieses Schriftwort hat wohl Pate gestanden bei diesem Bild: Jona, vom Fisch verschlungen, schaut gelöst und erwartungsvoll auf die Geisttaube, um mit ihrer Hilfe aus seinem Gefängnis herauszukommen. Ein Blick auf das klägliche Maul des Ungeheuers verrät bereits: Der Riesenfisch weiß, dass er keine Chance hat und diesen Menschen wieder freigeben muss.

   Die Apostel und Kirchenväter haben das Untertauchen bei der Taufe immer wieder verglichen mit dem Durchzug durch das Rote Meer und der Befreiung aus den Mächten der Finsternis.

In der Taufe aus dem Wasser und mit Heiligem Geist werden Sie symbolisch zunächst mit Christus begraben, um dann mit ihm auferweckt zu werden zu neuem Leben (Röm 6,4). Deshalb tauchen die orthodoxen Christen in Griechenland und Russland ein Kind auch *dreimal* ganz unter.

2. Aber auch vor uns, die wir schon getauft sind, liegt noch einmal dieser Prozess in unserem Tod und unserer Auferstehung. Auch dann dürfen wir voll Vertrauen wieder auf den Geist Gottes schauen, der uns aus dem Schlund des Todes holen soll. Jesus hat schon diesen Vorgang des Jona auf sich und seine Auferstehung bezogen, als er sagte: »Wie Jona drei Tage und drei Nächte im Bauch des Fisches war, so wird auch der Menschensohn drei Tage und drei Nächte im Innern der Erde sein« (Mt 12,40).

Immer also, wenn menschliche Kraft nicht mehr ausreicht, um in schwerer Bedrängnis zu helfen, bietet Gott in seinem Heiligen Geist die Hilfe an, die alle Abgründe überwinden kann. So dürfen wir Sie jetzt mit der Gnade Gottes taufen, damit Sie den Mächten widerstehen können, die unsere Welt und unser Leben bedrohen.

68. Getauft auf den dreifaltigen Gott

Symbol/Vorbereitung

Nebenstehende *Postkarte*, das berühmte Gemälde *»Dreifaltigkeit«* von Andrej Rubljew, für jeden: Bestell-Nr. 5726 im Kunstverlag D-56653 Maria Laach, Tel. 02652/59 381, Fax -/59 386.

Ansprache

Durch die Taufe treten Sie ein in diesen Kreislauf der Liebe, den Sie zwischen den drei Personen auf der Karte sehen: Da ist Bewegung, ein Gegenüber und eine Gemeinschaft in unbeschreiblicher Harmonie. Christus, der ruhende Pol in der Mitte, lädt Sie auch dazu ein: Kommt alle zu mir ...! (Mt 11,28). Wer den Zugang zu diesem Geheimnis finden will, muss zuerst das Spiegelbild des Vaters suchen: ihn, der Mensch geworden ist, der uns im Mahl des Altares besonders begegnet.

ANDREJ RUBLJEW (1411)

Erst durch drei Personen entsteht eine Gemeinschaft. Wir Menschen sind Ebenbilder Gottes. Auch bei uns Menschen kreist die Liebe erst in einer Gemeinschaft. In diesem Kreislauf der Liebe stehen Sie gleich – vor allem, wenn Sie sich dafür öffnen.

Es darf jeder seine Unterschiede behalten, wie auch auf dem Bild Unterschiede in der Kleidung und Haltung zu erkennen sind. Und doch tauchen wir ein in eine göttliche Ebene, die uns beflügeln kann.

Apropos Flügel: Die drei göttlichen Personen tragen Flügel. Getaufte erhalten gleichsam auch solche Flügel, die sie manchmal über Abgründe tragen; vor allem aber können Sie anderen Menschen zu Engeln werden, wenn sie eine andere Person in den Kreislauf der Liebe eintreten lassen. Wenn Ihre Freunde sich nachher auf dieser Karte verewigen, heben Sie sie gut auf, um sich zu erinnern.

(Das Bild wurde gemalt nach der biblischen Szene: Drei Männer begegnen Abraham; es ist »der Herr«, der zu ihm spricht: Gen 18,1–5).

Weitere geeignete Predigten für Erwachsene in diesem Buch: Nr. 5, 10, 14–16, 20, 23, 27, 31, 33, 35, 39, 44, 46–48, 51, 53, 55–59, 61.

ANHANG

1. Anspiel: Sollen wir's taufen lassen?
(Gespräch zwischen Werbespot und Tagesschau)

Sie: Übrigens war meine Mutter vorhin da, schöne Grüße!

Er: *(nach einer Pause)*: Und, was hat sie gewollt?

Sie: Na ja, das Baby anschauen. Du weißt ja, wie sie an dem Kind hängt. Sie hat ihm wieder alles Mögliche mitgebracht.

Er: Ja, die Oma! Na ja, wenn's ihr Spaß macht!

Sie: Natürlich hat sie wieder gefragt, wann wir das Kind taufen lassen.

Er: Möchte wissen, was die das angeht! Also, das ist wirklich *unsere* Sache!

Sie: Du weißt ja, wie sie ist. Sie meint's nicht böse.

Er: Schon, aber das geht sie nichts an, da soll sie sich raushalten!

Sie: *(nach einer Weile)*: Ja – und was meinst du? Sollen wir's nicht taufen lassen?

Er: Also, mir ist das echt egal! So was musst *du* entscheiden. *Du* musst das Kind ja schließlich erziehen. Ich kann mich da nicht drum kümmern.

Sie: Ich denke, das ist *unsere* Sache, es ist doch *unser* Kind. Ich finde, so ganz kannst du dich da nicht raushalten.

Er: Sei doch nicht gleich sauer – ich sage doch: Mir ist es egal!

Sie: Mir auch, das weißt du. Aber irgendwie müssen wir uns entscheiden.

Er: Mann, das hat doch noch Zeit. Das Kind ist ja erst vier Monate alt!

Sie: Die Oma meint, es wäre höchste Zeit, zum Pfarrer zu gehen.

Er: Da soll *sie* doch gehen, wenn sie unbedingt will!

Sie: Du weißt genau, dass das nicht geht. So was müssen schon die Eltern übernehmen. – Eigentlich sind wir ja auch getauft. Genau wie unsere Eltern.

Er: Na, sag bloß, dass uns das noch was bedeutet: Kirche, Gott, ewiges Leben und all das!

Sie: Aber geschadet hat es uns doch auch nicht, oder? Ich finde es ganz gut, wenn ein Kind an irgendwas glaubt und so … Vielleicht ist doch was dran, ich meine: Kind Gottes, Erbsünde oder wie das heißt …

Er: Nun hör aber auf!

Sie: Außerdem gucken sie dann in der Schule später nicht so doof. Stell dir vor, wenn ein Kind nach der Religion gefragt wird, und es muss sagen: Ich hab keine, ich bin nichts.

Er: Du hast ja Recht. Schaden kann es nichts.

Sie: Es hat sogar Vorteile: Denk mal an die Erstkommunion und die Firmung. Irgendwie sind das schon Erlebnisse für ein Kind. Wenn ich an meinen Weißen Sonntag denke! Das wollen wir unserem Kind doch auch gönnen. Es wäre direkt lieblos, wenn wir ihm das vorenthalten würden. Außerdem hat die Kirche Kinderfeste und Jugendgruppen und Fahrten anzubieten. Die machen da allerhand, hab ich gehört.

Er: Mein Gott, ich hab ja nichts dagegen, wirklich nicht. Außerdem: wenn es mal anders kommt, können wir's ja immer noch abmelden.

Sie: Also gut, ruf den Pfarrer an, mach einen Termin aus!

Er: Wieso *ich*? Das könntest *du* ebenso gut, aber schön, mach ich. Aber welchen? Ich kenn ja keinen.

Sie: Schau halt mal im Telefonbuch nach!

Er: *(blättert)*: Sag mal, weißt du, wie die Kirche da oben am Friedhof heißt? Ich glaube, die ist katholisch.

Sie: Keine Ahnung, woher soll ich das wissen? Aber das müsste ja herauszukriegen sein …

(LOTHAR ZENETTI)

2. Kindgerechte Taufe

a) Der offizielle Ablauf einer Taufe (skizziert):

1. Am Eingang der Kirche begrüßt der Taufspender die Taufgemeinde. Die Mutter oder der Vater trägt das Kind.
2. Der Taufende fragt nach dem Namen des Kindes sowie danach, was die Eltern erbitten (»Die Taufe«), und ob die Paten dabei helfen wollen, dass aus dem Kind ein guter Christ wird (»Ja«).
3. Nach einer Schriftlesung und Ansprache bezeichnet der Taufende das Kind mit dem Kreuzzeichen. Nach ihm zeichnen auch Eltern und Paten das Kreuz auf die Stirn des Kindes.
4. Die Heiligen, besonders der Namenspatron des Kindes, werden um Beistand angerufen. (»Bitte/t für uns!«)
5. Es folgen die Fürbitten und die Handauflegung (und eventuell die Salbung mit Katechumenenöl).
6. Nach der Taufwasserweihe sagen Eltern und Paten dem Bösen ab (»Wir widersagen«) und bekennen sich zum Glauben (»Wir glauben«).
7. Alle Anwesenden beten gemeinsam das Glaubensbekenntnis.
8. Der Taufende gießt am Taufbrunnen Wasser über den Kopf des Kindes, nennt den Namen des Kindes und sagt dabei: »Ich taufe dich im Namen des Vaters und des Sohnes und des Heiligen Geistes.« (Im Notfall kann jeder Mensch in der richtigen Absicht auf diese Weise gültig taufen.)
9. Das Kind wird mit Chrisam gesalbt (einer Mischung aus Olivenöl und Balsam).
10. Das weiße Kleid wird dem Kind angezogen oder übergelegt.
11. Der Pate entzündet die Taufkerze an der Osterkerze.
12. Der Taufende berührt Ohren und Mund des neu getauften Kindes – wie Jesus bei der Heilung des Taubstummen. (kann entfallen)
13. Es folgt das gemeinsame Vaterunser.

14. Der Taufende segnet (vor dem Altar) die Mutter, den Vater, die Paten und alle Anwesenden.

b) Taufe eines Kindes im Kleinkindergottesdienst

VORBEREITUNG

Auf blauen Tüchern am Boden steht die brennende Osterkerze. Um sie herum befinden sich die Taufschale, die Taufkerze, Chrisamöl, kleine Osterkerzen mit Tropfteller für alle Kinder, die ihre Taufkerzen nicht mitgebracht haben und – je nach Anzahl der Kinder – einige kleine Schälchen. Die Kinder legen ihre mitgebrachten Taufkerzen außen auf die Tücher, um die Mitte. Auf dem Altar liegt das Jesusbuch, die Bibel, rechts steht ein Blumenstrauß im Wasser, links ein Blumenstrauß, der seit Tagen kein Wasser bekommen hat und weitgehend vertrocknet ist. Jedes Kind kann auch eine Blume mitbringen, die später gegen die vertrockneten Blumen ausgetauscht und den Taufeltern als Glückwunsch mitgegeben wird.

HINWEIS

Der Ablauf der Taufe folgt hier in Kurzform weitgehend dem üblichen Taufritus. Weil die Taufe aber eine Überfülle an Symbolen und Handlungen kennt, ist auch aus Zeitgründen auf den Effata-Ritus und die Salbung mit Katechumenenöl verzichtet worden.

LIED ZU BEGINN

Es läuten alle Glocken (Tr 407)

HINFÜHRUNG ZUR TAUFE

L.: Heute ist uns das Wasser wichtig. *(L. nimmt die Taufschale und besprengt daraus die Kinder vorne ein wenig)* Seht ihr, richtiges Wasser! Einige Kinder zeigen euch jetzt, was wir mit Wasser alles machen können.

PANTOMIME

(Kinder spielen vor und alle erraten)

Sich waschen, trinken, schwimmen, Blumen gießen, Geschirr spülen …

L.: Welch eine Kraft das Wasser hat, seht ihr an diesen Blumen! *(L. zeigt auf die beiden Blumenvasen.)* Diese Blumen sind vertrocknet, weil sie ohne Wasser sind; diese leben und blühen noch. *(Jetzt können die vertrockneten gegen die von den Kindern mitgebrachten ausgetauscht werden)*

Gebet

(Hände falten – nachsprechen)

Guter Gott! / Wir danken für das Wasser. / Alles würde sonst verdursten. / Auch der Mensch. / Danke, guter Gott! / Amen.

Taufe

L.: Heute wollen wir ein Kind mit Wasser taufen.

(Eltern mit Kind und die Paten kommen nach vorne und stehen im offenen Halbkreis. L. stellt sie vor)

L.: Wie heißt Ihr Kind?

Eltern: N. N.

L.: Wollen Sie, dass es ganz zu Jesus gehört und wollen Sie es zu ihm hinführen?

Eltern: Ja!

L.: Und Sie, die Paten: Wollen Sie den Eltern bei ihrer Aufgabe helfen, dass dieses Kind Gott und die Menschen liebt? (Mt 22,35–40)

Paten: Ja!

L.: Dann nehme ich dich, N. N., gerne in unsere große Gemeinschaft der Christen auf und zeichne dir dazu ein Kreuz auf deine Stirn. Und ihr dürft jetzt alle eurem Nachbarn auch so ein Kreuz auf die Stirn zeichnen.

(Auch die Eltern und Paten zeichnen N. N. das Kreuz auf die Stirn.)

L.: Ich lege N. N. die Hand auf den Kopf: Jesus, beschütze dieses Kind auf allen Wegen seines Lebens. – Breite deine Hände aus über uns hier und über alle Menschen!

Liedruf: Breite deine Hände aus, nur Refr. (Tr 409)

L.: Wir bitten auch seinen Namenspatron N. und alle Heiligen, dass sie ihre Hand über dieses Kind halten. *(Jetzt können Eltern, Pa-*

ten, die Erwachsenen und Kinder ihm alles Gute wünschen = Fürbitten für das Kind und alle Kinder dieser Welt)

L.: *(segnet das Wasser im Kännchen und gießt es dann in einige Schälchen)* Segne + dieses Wasser, Herr, mit dem wir N. N. taufen und uns segnen wollen.
Ich frage jetzt die Eltern und Paten nach ihrem Glauben:
Widersagen Sie allem, was böse und gemein ist?

Eltern und Paten: Wir widersagen.

L.: Glauben Sie, dass Gott ein Herz für alle Menschen hat?

Eltern und Paten: Wir glauben.

L.: Glauben Sie, dass Jesus Christus, sein Sohn, für uns gestorben und von den Toten auferstanden ist?

Eltern und Paten: Wir glauben.

L.: Glauben Sie, dass sein Geist in allen wirkt, die sich für ihn öffnen?

Eltern und Paten: Wir glauben.

L.: Dann wollen wir dem auch zustimmen und singen:

Alle: »Herr, ich glaube, ja, ich glaube, Amen. Amen.«

(Kanon nach der Melodie: »Danke, Vater, für die Gaben. Amen. Amen.«)

L.: Jetzt taufe ich N. N. mit Wasser. N. N., ich taufe dich im Namen des Vaters und des Sohnes und des Heiligen Geistes.
So sind wir alle auch einmal getauft worden.
Erwachsene reichen euch nun Schalen mit geweihtem Wasser hin. Dahinein taucht ihr drei Fingerspitzen *(zeigen!)* und macht dann ein Kreuz über euch.

(Einige Erwachsene reichen den Kindern die Schalen mit dem geweihten Wasser an. Die Taufschale selbst kreist unter den Erwachsenen.)

L.: *(nimmt das Chrisamgefäß)* Ihr wisst, eine Salbe heilt und tut gut. Das ist hier ein besonderes Salböl. Ihr merkt es schon am Namen: Chrisam. Da steckt das Wort Christus drin. Damit wurden Menschen früher zu Propheten und Priestern gesalbt, ja sogar zu Königen (wie der kleine David). *(L. salbt das Kind)*

L.: Nun zieht die Mutter N. N. das weiße Kleid über. *(Mutter tut es.)*
N. N., dieses weiße Kleid soll dich daran erinnern, dass du jetzt

ganz zu Jesus gehörst: Du hast Jesus angezogen. *(Nun wird die Taufkerze an der Osterkerze entzündet und einem Paten überreicht; die Kinder holen ihre Taufkerze, die anderen erhalten die kleinen Osterkerzen und entzünden sie. Vorsicht!)*

Liedruf: Du bist das Licht der Welt, nur Refr. (Tr 1078)

(*Eventuell Flötenspiel* zu Ehren des Täuflings, der Eltern und Paten.)

Segen

L.: *(legt der Mutter die Hand auf, auch dem Vater, den Geschwistern … und hält sie über alle Anwesenden)*
Es segne Gott die Mutter, den Vater, die Paten und uns alle:
Der Vater und der Sohn und der Heilige Geist! –
Jetzt gratulieren wir den Eltern mit den Blumen, die ihr mitgebracht habt.

(Dann wird der Blumenstrauß aus den mitgebrachten Blumen der Kinder den Eltern überreicht)

Schlusslied

Ich habe einen Namen (siehe S. 127)

c) Wir spielen Taufe im Kindergarten

(Eine kindgerechte Hinführung zur Taufe)

Vorbemerkung

Kinder sollen ruhig »Messe« und »Taufe« spielen, um das Sakrale für sich zu erschließen. Doch weil viele Jungen keine Puppe besitzen, sondern ihren Teddybären bringen, kann es auch ein zentrales Sakrament banalisieren. Hier ist Fingerspitzengefühl gefragt. Taufe ist halt mehr als ein Spiel mit Wasser und Plüschtieren, sondern Gottes Wirken an uns Menschen.

Ich würde diese Feier also eher ohne Eltern im Kindergarten vorschlagen; Kinder denken ganzheitlicher. (Anlass für diese Feier war ein Kind, das beim Kirchenbesuch seine Puppe mitbrachte, die es gerne getauft haben wollte – obwohl es selbst noch nicht getauft war!)

Vorbereitung

1. *Am Vortag die Eltern bitten, die Kinder ihre Puppe mitbringen zu lassen.*
2. *Taufschale und Krug mit Wasser; großes, grünes oder blaues Tuch; ein größeres Kreuz und das Taufkleid der Pfarrei oder ein großes, weißes Kleid; Handtuch.*

Hinweis

Kinder, die ihre Puppe vergessen haben, wechseln sich im Halten der Taufschale und beim Abtrocknen der Köpfchen ab.

Lied zu Beginn

Die Erde ist schön (Tr 774)
Oder: Gottes Liebe ist wie die Sonne (Tr 5)

Den Eltern werden alle Gegenstände gezeigt, die L. mitgebracht hat. Dann breitet L. das große, grüne oder blaue Tuch in der Mitte aus und legt das Kreuz darauf.

L.: Ich möchte euch zeigen, wie das damals war, als du getauft wurdest. Dein Papa oder/und deine Mama wollten, dass du ganz zu Jesus gehörst. Zuerst wurden sie gefragt: Möchten Sie, dass Ihr Kind getauft wird? Wenn sie darauf Ja sagten, haben sie dir nach dem/der TaufspenderIn ein Kreuz auf die Stirn gezeichnet. Wer also möchte, dass seine Puppe (oder sein Teddybär) ganz zu Jesus gehören soll, der malt ihm jetzt ein Kreuz auf die Stirn. Und weil ihr getauft seid, zeichnet auch eurem Nachbarn ganz vorsichtig ein Kreuz auf die Stirn …; jetzt nach der anderen Seite, auch mir …
Das Kreuz ist uns ganz wichtig, denn *(mit Gestik in Richtung des Kreuzes in der Mitte):*

Liedruf: Er rettet dich, er rettet mich (Tr 442)

L.: Jetzt brauche ich Helfer, die diese Taufschale halten und gleich das Köpfchen abtrocknen …
Wer hat seinem »Kind« schon einen Namen gegeben? – Dann komm her!

Siehst du, ich gieße das Wasser über das Köpfchen und sage: Jana, ich taufe dich im Namen des Vaters und des Sohnes und des Heiligen Geistes.

Das Köpfchen wird abgetrocknet und die Puppe neben das Kreuz auf das Tuch in der Mitte gelegt; es soll ja jetzt zu Jesus gehören.

Alle, die möchten, kommen jetzt nacheinander zu mir. »Ja, auch dein ›Kind‹ soll ganz zu Jesus gehören: Lisa, ich taufe dich ...«

ZUM SCHLUSS

breitet L. ein großes, weißes Taufkleid über den Puppen- und Teddyberg, der mittlerweile das Kreuz zugedeckt hat: Sie sollen alle zu Jesus gehören.

Lied: Liebte Gott, der Herr, uns nicht (Tr 4)

L.: Jetzt bin ich gespannt, ob ihr eure Puppe wieder findet und in die Arme nehmen könnt! (Das klappt ja wunderbar ...)

NACHBEMERKUNG:

In dieser Abfolge dauerte die Gruppeneinheit nicht länger als ca. 15 Minuten. Die reiche Symbolik einer Taufe verführt in der Regel zur Überlänge und zur Überforderung der Kinder. Denkbar sind Erweiterungen:

1. Jesus hat den Kindern die Hände aufgelegt; legt ihr sie eurer Puppe auf!

Lied: Immer auf Gott zu vertrauen, nur Refr. (Tr 437)

2. Eine Taufkerze zeigen, auf ihr Wassersymbol und das Kreuz hinweisen und sie an der Jesuskerze entzünden.

Lied: Du bist das Licht der Welt, nur Refr. (Tr 1078)

(AUS WILLI HOFFSÜMMER, 3 X 30 IDEEN FÜR GOTTESDIENST, KINDERGARTEN UND GRUNDSCHULE, MATTHIAS-GRÜNEWALD-VERLAG, MAINZ ²2003)

3. Geeignete Schriftstellen aus der Bibel

Röm 6,3–5:	Wir sind auf Christus Jesus getauft.
1 Kor 12,12–13:	Durch die Taufe wurden wir zu einem einzigen Leib.
1 Petr 2,4–5.9–10:	Lasst euch als lebendige Steine zu einem geistigen Haus aufbauen!
Ez 36,24–28:	Ich gebe euch ein Herz von Fleisch.
Mt 3,13–17:	Du bist mein geliebter Sohn, an dem ich Gefallen gefunden habe.
Mt 22,34–40:	Das Hauptgebot.
Mt 28,18–20:	Tauft alle Menschen!
Mk 10,13–16:	Er legte Kindern die Hände auf und segnete sie.
Joh 3,1–6:	Aus Wasser und Geist geboren.
Joh 4,5–14:	Wer von dem Wasser trinkt, das ich ihm gebe, wird nie mehr durstig sein.
Joh 7,37b–39:	Wer an mich glaubt, aus dessen Innern werden Ströme lebendigen Wassers fließen.
Joh 15,1–11:	Bleibt in meiner Liebe!

4. Kurzgeschichten, die sich bei der Taufe oder im Umfeld der Taufe eignen, zum Beispiel in den Taufgesprächen

a) Dürsten nach mehr

DÜRSTEN NACH GOTT

Wie kann man einen Esel, der keinen Durst hat, trotzdem zum Trinken bewegen? Und wie kann man – bei allem Respekt – einen Menschen dazu bringen, nach Gott zu dürsten, wenn er diesen Durst nie gehabt oder verloren hat und er sich mit Bier und Schnaps, Fernsehen und Autofahren zufrieden gibt?

Soll man es mit dem Stock versuchen? Ein Esel ist aus härterem Holz als unser Stock. Außerdem, wer wird heutzutage zu einer solch autoritären Maßnahme greifen?

Soll man ihm Salz zu schlucken geben? Das wäre Tierquälerei.

Wie ihn dann dazu bewegen, freiwillig zu trinken? – Es scheint nur eine Lösung zu geben: Man muss einen durstigen Esel herbeischaffen, der ausgiebig, mit großem Genuss und Behagen an der Seite seines Artgenossen aus dem Eimer trinkt. Aber ohne jedes Theater, einfach weil er Durst hat, einen großen unstillbaren Durst! Das wird seinen Kollegen nicht unbeeindruckt lassen. Die Lust wird ihn ankommen, sich zum Eimer zu neigen und in tiefem Zug das erfrischende Wasser zu schlürfen. Menschen, die Hunger und Durst nach Gott haben, sind für ihre Mitmenschen eine bessere Predigt als viele erbauliche Reden.

(JACQUES LOEW)

VOM WASSER DES LEBENS

Von einem alten Vater wird erzählt, der todkrank war (und es mag der Alte wohl für vieles stehen, was innen und außen brüchig geworden ist). Um ihn zu retten, hieß es, müsse das Wasser des Lebens gefunden werden, das aber nur schwer und gefahrvoll zu gewinnen sei.

Da sprach der älteste Sohn: »Ich will es schon finden«, hatte aber nicht den Vater, sondern nur eigenen Vorteil im Sinn. Also machte er sich auf, und als er eine Zeit lang fortgeritten war, stand da ein Zwerg auf dem Weg, der rief ihn an: »Wohinaus so geschwind?«
»Dummer Knirps«, sagte der Junge ganz stolz, »das brauchst du nicht zu wissen«, und ritt weiter. Doch wohin diese Art führt, zeigte sich bald. Wie er nun fortritt, taten sich die Berge zusammen, und endlich war der Weg so eng, dass er keinen Schritt weiterkommen konnte; das Pferd vermochte er nicht zu wenden und selber nicht abzusteigen und musste da eingesperrt bleiben. So war sein Lebensweg zu Ende, wenngleich nicht sein Leben.
Da nun der Älteste auf sich warten ließ und nicht heimkam, sagte der Zweite: »So will *ich* ausziehen und das Wasser des Lebens suchen!« und dachte bei sich: Das ist mir eben recht, ist der tot, so fällt mir das Erbe zu. Also zog er gleichen Weges fort und begegnete demselben Zwerg, der hielt ihn wieder an und fragte: »Wohinaus so geschwind?«
»Dummer Knirps«, sagte der Junge, »das brauchst du nicht zu wissen«, und ritt in seiner Überheblichkeit fort, verlor sich aber ebenso in den Schluchten, bis er weder vor noch zurück konnte.
Wie nun auch der Zweite ausblieb, sagte der Jüngste, er wolle ausziehen und das Wasser des Lebens holen, und er tat so. Als er den Zwerg auf seinem Wege traf und der fragte: »Wohinaus so geschwind?«, rümpfte er nicht die Nase, sondern antwortete ihm: »Ich suche das Wasser des Lebens, weil mein Vater sterbenskrank ist.«
»Weißt du denn, wo das zu finden ist?«
»Nein«, sagte der Junge.
»So will ich dir's sagen, weil du mir ordentlich Rede gestanden hast: Es quillt aus einem Brunnen, in einem verwünschten Schloss, von Hindernissen umlagert, und damit du dahin gelangst, gebe ich dir eine eiserne Rute und zwei Laibe Brot. Mit der Rute schlag dreimal an das eiserne Tor, so wird es aufspringen. Inwendig werden dann zwei Löwen liegen und den Rachen aufsperren. Wenn du ihnen aber das Brot hineinwirfst, wirst du sie stillen. Und dann eile dich, und hol vom Wasser des Lebens,

ehe es zwölf schlägt, sonst geht das Tor wieder zu, und du bleibst eingesperrt.«

Da dankte ihm der Junge, ging hin und fand alles, wie der Zwerg gesagt hatte. Er überwand das Tor und die Löwen und schritt durch die Gänge und Räume des Schlosses, ein um das andere Mal versucht, zu verweilen und sein Ziel zu vergessen. Da war ein großer Saal mit Kostbarkeiten, die er missachtend zurückließ. Und weiter kam er in ein Zimmer, darin war eine Prinzessin, die freute sich, als sie ihn sah, küsste ihn und sagte, er möge wiederkommen und sie heiraten. Sie sagte ihm auch, wo der Brunnen wäre mit dem Lebenswasser, er müsse sich aber eilen und daraus schöpfen, ehe es zwölf schlüge.

Da ging er weiter und kam endlich in ein Zimmer, darin stand ein schönes, frisch gedecktes Bett, und weil er müde war, wollte er sich erst ein wenig ausruhen. Also legte er sich und schlief ein, wie er aber erwachte, schlug es drei Viertel auf Zwölf. Da sprang er ganz erschrocken auf, lief zu dem Brunnen und schöpfte sich einen Becher, der daneben stand, voll und eilte, dass er fortkam. Wie er eben zum eisernen Tor hinausging, da schlug's zwölf, und das Tor fuhr zu, so heftig, dass es ihm noch ein Stück von der Ferse wegnahm.

(HUBERTUS HALBFAS)

Am Kreuz wird es hell

Es war im Herbst in den bayerischen Bergen. Im Tal lag eine dichte Nebeldecke. Eine Gruppe von Urlaubern aber wollte sich mit diesem Grau in Grau nicht zufrieden geben, sie wollte doch etwas erleben von der Schönheit der Alpenwelt. So stiegen sie den Berg hinan in der Hoffnung, dass doch bald die Sonne kommen und alles in ihrem goldenen Licht erstrahlen müsste. Doch eine Viertelstunde, eine halbe Stunde, mehr als eine Stunde verging: Im dunklen Bergwald und um die grauen Felswände herum erschienen die Wolkennebel nur noch dichter. Schließlich kam ihnen ein Einheimischer von oben her entgegen.

Sie fragten ihn: »Sagen Sie, nimmt denn der Nebel gar kein Ende? Sollen wir weitersteigen, oder sollen wir umkehren?« Der Einheimische antwortete: »Ihr müsst bis zum Kreuz hinauf, dort ist alles hell.«

Und so war es wirklich: Am Gipfelkreuz war der Nebel zu Ende – wie abgeschnitten. Eine strahlende Sonne leuchtete von einem herrlich blauen Himmel, und rings im Kreis grüßten Berggipfel neben Berggipfel, wie zum Greifen nah.

b) Warum taufen?

Mensch, hast du es gut!

Auf dem Bahnsteig 17.10 Uhr. Es regnete. Ein Betrunkener mit einer Bierflasche wankt auf mich zu. Ich will mich abwenden, da tippt er mit seiner Flasche gegen meine Brust und fragt: »Glaubst du an Gott?« Darauf bin ich nicht gefasst. Soll es ein Witz sein? Mir ist die Sache peinlich. Aber ich kann ihm nicht ausweichen. So sage ich unüberlegt, spontan: »Ja!« Ich will noch weiterreden, erwarte die Reaktion: ›Na, dann zeig ihn mir mal!‹ Aber er sagt nur: »Mensch, hast du es gut!« Erst in diesem Augenblick schaue ich ihn richtig an. Sein Gesicht ist müde, kaputt.

(NACH LUDOLF ULRICH)

Ohne Gott können wir nicht leben

Zwei kleine Fische spielten in einem Fluss miteinander. Da sagte plötzlich der eine mit etwas verwegener Miene: »Ich frage mich, was das Wasser eigentlich ist.« Der andere Fisch antwortete: »Das weiß ich auch nicht, aber es interessiert mich; ich habe schon öfter über diese Sache nachgedacht. Weißt du was, wir werden einen Lehrer fragen.«
Bald darauf kamen sie zur Schule der Fische und trafen den Lehrer, dem sie ihre Frage stellten. »Noch so jung«, sagte der Lehrer, »und schon solch eine vernünftige Frage! Ihr werdet es noch weit bringen in unserer Welt. Aber was Wasser ist, das kann ich euch nicht sagen. Da müsst ihr zu einem Universitätsfisch gehen. Ich kenne da jemanden, einen ganz gelehrten Fisch, der müsste das eigentlich wissen.«
Die beiden kleinen Fische beschlossen, der Sache auf den Grund zu gehen, und machten sich also auf den Weg. Voller Erwartung machten sie ihre Aufwartung bei dem gelehrten Fisch. Endlich würden sie eine Antwort auf ihre Frage bekommen. Nachdem sie ihr Problem vorgetragen hatten, blickte sie der Universitätsfisch mit viel Sympathie an und

sagte: »Das ist die Grundfrage für uns Fische. Bei uns an der Universität wird viel darüber nachgedacht. In gewissem Sinn sprechen und diskutieren wir über nichts anderes. Viele Doktorarbeiten sind darüber geschrieben worden, und trotzdem müssen wir immer noch sagen: Was Wasser eigentlich ist, das wissen wir nicht.«

Er sah die Enttäuschung und Entmutigung in den kleinen Fischaugen. Etwas bewegt vergaß er kurz die Würde seiner Wissenschaft und gab den jungen Fischen diesen Rat: »Irgendwo im Atlantischen Ozean, in den tiefsten Tiefen lebt ein ganz weiser Fisch, der weiseste von uns allen, ja ein prophetischer Fisch, der die Tiefe des Wassers und des Lebens durchschaut. Er ist ein außergewöhnlich begabter Fisch. Er wird euch anhören und kann euch aus seiner Lebenserfahrung vielleicht die Antwort geben.«

Da die beiden Fischchen es ganz genau wissen wollten, setzten sie alles auf eine Karte und machten sich auf die lange Reise in den Atlantischen Ozean. Schließlich kamen sie zum Prophetenfisch, der voller Würde in den Tiefen des großen Meeres schwamm und seinen Gedanken nachhing. Die beiden Fischchen sprachen ihn an: »Können Sie uns sagen, was Wasser ist?«

Der alte, weise Fisch musste ein wenig lächeln, dann sagte er: »Was Wasser ist, kann ich euch nicht sagen; aber eines weiß ich ganz bestimmt: Ohne Wasser können wir nicht leben. Aus dem Wasser sind wir gekommen, zum Wasser kehren wir wieder zurück.«

(PAUL SCHRUERS)

Neue Augen

In der Gegend von Piemont gibt es einen alten Brauch. Wenn am Morgen des Ostersonntags zum ersten Mal die Glocken läuten, laufen Kinder und Erwachsene an den Dorfbrunnen und waschen sich die Augen mit dem kühlen, klaren Brunnenwasser.

Sie waschen sich die Augen aus: die »Ich-will-der-Erste-sein«-Augen, die »Geh-mir-aus-den-Augen«-Augen, die »Mit-dir-will-ich-nichts-zu-tun-haben«-Augen, die »Du-bist-mir-zu-blöd«-Augen. Sie wollen Osteraugen bekommen! Darum waschen sie die kalten Blicke fort und die listigen, neidischen, misstrauischen Blicke. All die Blicke, die Angst erzeugen. All die Blicke, die eine Gemeinschaft zerstören. Und das kalte Wasser, sagt man, schwemmt den Dreck des ganzen Jahres fort. Sie heben den Kopf und schauen sich an: mit gütigen Augen, wohlwollenden, verzeihenden Augen.

(NACH BERNHARD LANGENSTEIN)

Sich verwandeln lassen

Ein Fluss wollte durch die Wüste zum Meer. Aber als er den unermesslichen Sand sah, wurde ihm angst, und er klagte: »Die Wüste wird mich austrocknen, und der heiße Atem der Sonne wird mich vernichten, oder ich werde zum stinkenden Sumpf.«

Da hörte er eine Stimme, die sagte: »Vertraue dich der Wüste an.« Aber der Fluss entgegnete: »Bin ich dann noch ich selbst? Verliere ich nicht meine Identität?« Die Stimme aber antwortete: »Auf keinen Fall kannst du bleiben, was du bist.«

So vertraute sich der Fluss der Wüste an. Wolken sogen ihn auf und trugen ihn über die heißen Sandflächen. Als Regen wurde er am anderen Ende der Wüste wieder abgesetzt. Und aus den Wolken floss ein Fluss, schöner und frischer als zuvor. Und der Fluss freute sich und sagte: »Jetzt bin ich wirklich ich.«

(GERHARD EBERTS)

Zu verborgenen Wasseradern

Ein Mensch konnte nichts Schönes und Gesundes sehen. Als er in einer Oase einen jungen Palmbaum im besten Wuchs fand, nahm er einen schweren Stein und legte ihn der jungen Palme mitten in die Krone. Mit einem hämischen Lachen ging er davon. Aber die Palme versuchte, die Last abzuwerfen. Sie schüttelte und bog sich. Vergebens. Sie krallte sich tiefer in den Boden, bis ihre Wurzeln verborgene Wasseradern erreichten. Diese Kraft aus der Tiefe und die Sonnenglut aus der Höhe machten sie zu einer königlichen Palme, die auch den Stein hochstemmen konnte. Nach Jahren kam der Mann wieder, um sich an dem Krüppelbaum zu erfreuen. Da senkte die kräftigste der Palmen ihre Krone, zeigte den

Stein und sagte: »Ich muss dir danken. Deine Last hat mich stark gemacht!«

(NACH PATER FRANZ GYPKENS)

c) Was Wasser vermag

DER MANN, DER BÄUME PFLANZTE

siehe in Ansprache Nr. 31.

DAS WASSER LEHRT DAS RECHTE LEBEN

Einen Weisen im alten China fragten einmal seine Schüler: »Du stehst nun schon so lange vor diesem Fluss und schaust ins Wasser. Was siehst du denn da?« Der Weise gab keine Antwort. Er wandte den Blick nicht ab von dem unablässig strömenden Wasser. Endlich sprach er: *»Das Wasser lehrt uns, wie wir leben sollen:*

Wohin es fließt, bringt es Leben und teilt sich aus an alle, die seiner bedürfen: *Es ist gütig und freigebig*. – Die Unebenheiten des Geländes versteht es auszugleichen: *Es ist gerecht*. – Ohne zu zögern in seinem Lauf, stürzt es sich über Steilwände in die Tiefe: *Es ist mutig*. – Seine Oberfläche ist glatt und ebenmäßig, aber es kann verborgene Tiefen bilden: *Es ist weise*. – Felsen, die ihm im Lauf entgegenstehen, umfließt es: *Es ist verträglich*. – Aber seine sanfte Kraft ist Tag und Nacht am Werk, das Hindernis zu beseitigen: *Es ist ausdauernd*. – Wie viele Windungen es auch auf sich nehmen muss, niemals verliert es die Richtung zu seinem ewigen Ziel, dem Meer, aus dem Auge: *Es ist zielbewusst*. – Und sooft es auch verunreinigt wird, bemüht es sich doch unablässig, wieder rein zu werden: *Es hat die Kraft, sich immer wieder zu erneuern*. –

Das alles«, sagte der Weise, »ist es, warum ich auf das Wasser schaue. Es lehrt mich das rechte Leben.«

DER ALTE BRUNNEN

In der Nähe eines alten Bauernhauses lag ein alter Brunnen. Sein Wasser war ungewöhnlich kalt und rein und köstlich zu trinken. Aber das Besondere war: Er trocknete nie aus. Selbst bei der größten sommerli-

chen Dürre, wenn schon überall das kostbare Nass rationiert wurde, gab er getreu sein kühles, klares Wasser.
Dann kam die Zeit, wo alles modernisiert wurde. Das Haus wurde umgebaut; es wurde auch eine moderne Wasserleitung gelegt. Den alten Brunnen brauchte man nicht mehr. Er wurde verschlossen und versiegelt. So blieb es mehrere Jahre.
Eines Tages wollte ein Hausbewohner aus Neugierde noch einmal in die dunkle und feuchte Tiefe des Brunnens sehen. Er deckte ihn ab und wunderte sich: Der Brunnen war total ausgetrocknet.
Der Mann wollte herausbekommen, wie das geschehen konnte. Aber es dauerte lange, bis er den Grund erfuhr: Ein solcher Brunnen wird von Hunderten winziger Bäche gespeist, die unter der Erde für den ständigen Wasservorrat sorgen. Die winzigen Öffnungen der vielen Bächlein bleiben rein und offen, wenn immer wieder Wasser abgeschöpft wird. Wird ein solcher Brunnen aber nicht mehr benutzt, dann versiegen die Bäche.

(NACH JOHN A. SANFORD)

Wir verkaufen nur den Samen

Siehe in Ansprache Nr. 13.

d) Weitere Geschichten

Ein Weiser

Ein Weiser mit Namen Choni ging einmal über Land und sah einen Mann, der einen Johannisbrotbaum pflanzte. Er blieb bei ihm stehen und sah ihm zu und fragte: »Wann wird das Bäumchen wohl Früchte tragen?« Der Mann erwiderte: »In siebzig Jahren.«
Da sprach der Weise: »Du Tor! Denkst du in siebzig Jahren noch zu leben und die Früchte deiner Arbeit zu genießen? Pflanze lieber einen Baum, der früher Früchte trägt, dass du dich ihrer erfreust in deinem Leben.«
Der Mann aber hatte sein Werk vollendet und sah freudig darauf, und er antwortete: »Rabbi, als ich zur Welt kam, da fand ich Johannisbrotbäume und aß von ihnen, ohne dass ich sie gepflanzt hatte, denn das hatten meine Väter getan. Habe ich nun genossen, wo ich nicht gearbei-

tet habe, so will ich einen Baum pflanzen für meine Kinder oder Enkel, dass sie davon genießen. Wir Menschen mögen nur bestehen, wenn einer dem anderen die Hand reicht. Siehe, ich bin ein einfacher Mann, aber wir haben ein Sprichwort: Gefährten oder Tod.«

Da habe ich dich getragen

Vgl. Ansprache Nr. 48.

Der Kreislauf der Freude

Eines Tages kommt ein Landwirt, den der Bruder Pförtner gut kennt. In der Hand hat er eine große Weintraube mit herrlich gelben saftigen Beeren: »Bruder Pförtner, ich habe die schönste Weintraube aus meinem Weinberg mitgebracht. Raten Sie mal, wem ich damit eine Freude machen will?« Der Bruder überlegt. »Wahrscheinlich dem Abt oder sonst einem Pater, ich weiß es nicht.« »Ihnen!« – »Mir?« Der Bruder wird ganz rot vor Freude. »Mir? Sie haben an *mich* gedacht?« Er findet kaum Worte. »Ach ja«, sagt der Bauer glücklich, »wir sprechen so oft miteinander und ich brauche so oft Ihre Hilfe, warum soll ich Ihnen nicht mal eine Freude machen?« Und die Freude, die er im Gesicht des anderen sieht, die macht ihn selbst innerlich froh.

Der Bruder Pförtner legt die Weintraube vor sich hin. Ach, die ist viel zu schön, um etwas davon abzupflücken. Den ganzen Nachmittag erfreut er sich an ihrem Anblick. Dann hat er eine Idee. »Wenn ich die jetzt unserem Vater Abt schenke, was für eine Freude wird der haben!« Und der Bruder gibt die Traube weiter.

Der Abt freut sich wirklich. Und als er abends einen kranken Pater in seinem Zimmer besuchen will, da kommt ihm der Gedanke: »Den kannst du sicher mit dieser Traube froh machen.« So wandert die Traube weiter. Und sie bleibt nicht bei dem Kranken. Sie wandert immer weiter. Schließlich bringt sie ein Mönch wieder zum Bruder Pförtner, um *ihm* eine Freude zu machen. Er wusste natürlich nicht, dass die Weintraube von ihm ausgegangen war. So hatte sich der Kreis geschlossen. Ein Kreislauf der Freude.

Legende von Christophorus

Ein Mann will nur dem Stärksten in der Welt dienen. Er macht sich auf die Suche. Zuerst dient er einem mächtigen König. Aber beim Lied eines durchreisenden Bänkelsängers beobachtet er, wie der König beim Wort »Teufel« zusammenzuckt. Zur Rede gestellt, bekennt der König, dass er nur vor einem in der Welt Angst hat, vor dem Satan.

Und »Phorus«, wie der fragende Mann genannt wird, macht sich auf die Suche nach dem Bösen. Er tritt in den Dienst eines gefürchteten Bandenchefs, der mit seiner Truppe raubend und mordend durch die Lande zieht, bis auch dieser einem Kreuz am Wege ausweicht. Jetzt sucht Phorus natürlich nach dem, der noch stärker ist. Aber die Suche gestaltet sich schwierig. Erst ein Einsiedler gibt ihm den Hinweis, er solle die Menschen durch den angrenzenden reißenden Fluss tragen, weil er so groß und stark sei. Dann diene er Christus, dem höchsten Herrn.

Eines Nachts hört er eine Kinderstimme rufen: »Phorus, hol mich rüber!« Vor seiner Hütte kann er aber niemanden finden. Erst beim dritten Ruf sieht er ein Kind und setzt es auf seine Schultern. Im Wasser wird ihm die Last immer schwerer, er sinkt tiefer und tiefer; er fürchtet zu ertrinken und glaubt, die ganze Welt läge auf seinen Schultern.

»Mehr als die Welt trägst du auf deinen Schultern«, sagt ihm das Kind, »du trägst den Herrn, der diese Welt erschaffen hat. Ich bin Jesus Christus, dem du in dieser Arbeit dienst.« Und Jesus taucht ihn unters Wasser. So tauft er ihn. Auf sein Geheiß hin steckt Christo-Phorus (= Christusträger) seinen Stab in den Boden, der am nächsten Morgen grünt und blüht und Früchte trägt. Sein Leben stellt er hinfort ganz bewusst in den Dienst an Christus.

5. Lieder

a) Aus dem Gotteslob

Ein kleines Kind kommt in dein Haus (GL 46)
Fest soll mein Taufbund immer stehn (in verschiedenen Diözesananhängen des GL)
Großer Gott, wir loben dich (GL 257)
Lobe den Herren (GL 258)
Nun danket all (GL 267)
Nun danket alle Gott (GL 266)
Segne dieses Kind und hilf uns, ihm zu helfen (GL 636)

Auf die Melodie »Liebster Jesu, wir sind hier« (GL 520) folgender Text:

1. Kind, du bist uns anvertraut.
   Wozu werden wir dich bringen?
   Wenn du deine Wege gehst,
   wessen Lieder wirst du singen?
   Welche Worte wirst du sagen
   und an welches Ziel dich wagen?

2. Kampf und Krieg zerreißt die Welt;
   einer drückt den andern nieder.
   Dabei zählen Macht und Geld,
   Klugheit und gesunde Glieder.
   Mut und Freiheit, das sind Gaben,
   die wir bitter nötig haben.

3. Freunde wollen wir dir sein,
   sollst des Friedens Brücken bauen.
   Denke nicht, du stehst allein,
   kannst der Macht der Liebe trauen.
   Taufen dich in Jesu Namen.
   Er ist unsere Hoffnung. Amen.

b) Aus dem Liederbuch »Troubadour für Gott« (= Tr)

Alle Knospen springen auf (Tr 94)

Danke (Tr 315), evtl. mit der Zusatzstrophe:

Danke, dass du des Himmels Sterne,
danke, dass du die Welten lenkst,
danke, dass du auch mir nicht ferne
und an mich stets denkst.

Dass du mich einstimmen lässt (Tr 135)
Die Erde ist schön (Tr 774)
Du bist das Licht der Welt (Tr 1078)
Ein Schiff, das sich Gemeinde nennt (Tr 590)
Einer hat uns angesteckt (Tr 8)
Eines Tages kam einer (Tr 57)
Er hält das Leben in der Hand (Tr 973)
Gott liebt die Kinder (Tr 407)
Gottes Liebe ist wie die Sonne (Tr 5)

Auf die Melodie: Herr, deine Liebe (Tr 1), aber mit folgendem Text:

1. Herr, deine Liebe ist wie Gras und Ufer,
wie Wind und Weite und wie ein Zuhaus.
Augen und Ohren hast du uns geöffnet.
Du gibst uns Kraft für jeden neuen Tag.
Herr, deine Liebe ist wie Gras und Ufer,
wie Wind und Weite und wie ein Zuhaus.

2. Herr, deine Güte leuchtet wie die Sonne,
wärmt uns das Herz und streichelt unsre Haut.
Zärtlich und gut sorgst du für unser Leben,
Fühlen und Denken hast du uns geschenkt.
Herr, deine Güte leuchtet wie die Sonne,
wärmt uns das Herz und streichelt unsre Haut.

3. Herr, deine Treue steht wie eine Mauer,
schützt uns wie einst dein Volk im Roten Meer.
Sorgsam begleitest du all unsre Schritte;

werden wir schwach, reichst du uns deine Hand.
Herr, deine Treue steht wie eine Mauer,
schützt uns wie einst dein Volk im Roten Meer.

(TEXT: RAYMUND WEBER)

Kinder (Sind so kleine Hände) (Tr 477)
Kleines Senfkorn Hoffnung (Tr 707)
Mache dich auf und werde Licht (Kanon = Tr 507)
Manchmal feiern wir mitten im Tag (Tr 91)
Möge die Straße uns zusammenführen (Tr 334, altirisches Pilgerlied)
Singt dem Herrn (Tr 153)
Unser Leben sei ein Fest (Tr 90)
Von guten Mächten wunderbar geborgen (Tr 717)

c) Ein paar beliebte Lieder mit Noten

GOTTES LIEBE IST SO WUNDERBAR

QUELLE UNBEKANNT

Ich habe einen Namen

2. Ich heiße Dorothee, und ich bin getauft.
   Ja, du heißt Dorothee, und du bist getauft.

3. Wir haben einen Namen, und wir sind getauft.
   Wir haben einen Namen, und wir sind getauft.

TEXT: ROLF KRENZER MUSIK: PETER JANSSENS
AUS: KOMMT ALLE UND SEID FROH, 1982

Ich möcht', dass einer mit mir geht

2. Ich wart', dass einer mit mir geht, der auch im Schweren zu mir steht, der in den dunklen Stunden mir verbunden. Ich wart', dass einer mit mir geht!

3. Es heißt, dass einer mit mir geht, der's Leben kennt, der mich versteht, der mich zu allen Zeiten kann geleiten. Es heißt, dass einer mit mir geht!

4. Sie nennen ihn den Herren Christ, der durch den Tod gegangen ist; er will durch Leid und Freuden mich geleiten. Ich möcht', dass er auch mit mir geht!

TEXT UND MELODIE: HANNS KÖBLER

Vergiss es nie

2. Vergiss es nie: Niemand denkt und fühlt und handelt so wie du, und niemand lächelt so, wie du's grad tust. / Vergiss es nie: Niemand sieht den Himmel ganz genau wie du, und niemand hat je, was du weißt, gewusst. / Du bist gewollt …

3. Vergiss es nie: Dein Gesicht hat niemand sonst auf dieser Welt und solche Augen hast alleine du. / Vergiss es nie: Du bist reich, egal ob mit, ob ohne Geld; denn du kannst leben! Niemand lebt wie du. / Du bist gewollt …

ORIG. TITLE: I GOT YOU
LYRICS & MUSIC: PAUL JANZ
DT. TEXT: JÜRGEN WERTH

Wir sind getauft

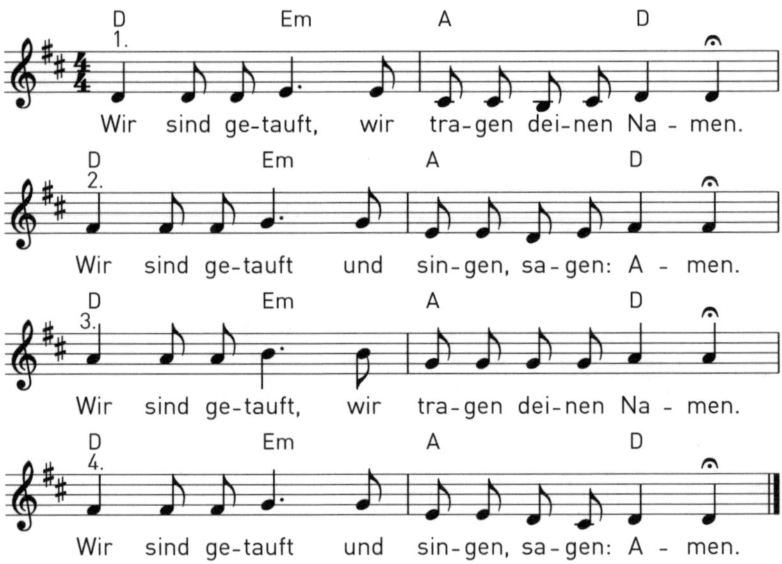

QUELLE UNBEKANNT

6. Fürbitten

Die Fürbitten sind eine gute Gelegenheit, anwesende Kinder aktiv einzubinden – und natürlich auch Erwachsene:

- Sie legen Sterne auf ein blaues Tuch und nennen jeweils Wünsche für den Täufling, der ja ein neuer »Stern« am Himmel unserer Welt ist.
- Sie legen ausgeschnittene Blütenblätter mit Bitten an Gott für den Täufling zu einer Blüte zusammen.
- Sie entzünden Teelichter und stellen sie mit jeweils einer Bitte für den Täufling auf ein rotes Herz ..., damit das neue Menschenkind ein »brennendes« Herz erhalte.
- Sie entzünden Teelichter und stellen sie mit jeweils einer Hoffnungsbitte für den Täufling auf einen grünen Anker.
- Sie hängen kleine Rettungsringe mit Bitten für den Täufling an ein Schiff (= Symbol für die Gemeinschaft der Glaubenden, in die das Kind ja jetzt aufgenommen wird).

Sie sehen, der Phantasie sind keine Grenzen gesetzt.

a) Fürbitten im Rahmen eines Sprechspiels

Sieben Tücher in Regenbogenfarben bereitlegen. Nach jeder Fürbitte wird eines davon über die Vorderkante des Altars zu einem Regenbogen gelegt. Wie folgt:

1. Kleinkind: Ich bringe das rote Tuch.

Größeres Kind/Jugendliche/r: Rot erinnert an eine Rose und an das Feuer der Liebe.

Erwachsene/r: Schenke diesem Kind ein liebendes Herz, offen für Gott und die Menschen. *(Tuch über die Altarkante legen)*

2. Kleinkind: Ich bringe *das* orangefarbene Tuch.

Größeres Kind/Jugendliche/r: Bei Orange denke ich an die leuchtenden Apfelsinen und den Sonnenaufgang.

Erwachsene/r: Möge dieses Kind Augen haben für die vielen Wunder in dieser Welt und Ohren für die leise Stimme Gottes.

3. *Kleinkind:* Ich bringe das gelbe Tuch.

Größeres Kind/Jugendliche/r: Gelb erinnert an die Sonne und an reife Kornfelder.

Erwachsene/r: Sende diesem Kind, besonders nach dunklen Tagen, immer wieder Sonnenstrahlen ins Herz.

4. *Kleinkind:* Ich bringe das grüne Tuch.

Größeres Kind/Jugendliche/r: Bei Grün denke ich an die keimende Saat, an Wiesen und Bäume. Vor allem an die Hoffnung.

Erwachsene/r: Lass in diesem Kind die Freude am Leben und an der Arbeit wachsen. Schenke ihm eine Prise Humor und eine starke Hoffnung, die nie zu besiegen ist.

5. *Kleinkind:* Ich bringe das hellblaue Tuch.

Größeres Kind/Jugendliche/r: Hellblau erinnert mich an Vergissmeinnicht und die Farbe des Himmels.

Erwachsene/r: Hilf diesem Kind, dich und deine Güte nie zu vergessen und auch davon zu erzählen.

6. *Kleinkind:* Ich bringe das dunkelblaue Tuch.

Größeres Kind/Jugendliche/r: Bei dieser Farbe denke ich an Wasser, an Kornblumen und Enzian. Blau – die Farbe der Treue und des Glaubens.

Erwachsene/r: Lass dieses Kind sich immer geborgen fühlen bei seinen Eltern, in dieser kirchlichen Gemeinschaft und bei dir, Gott.

7. *Kleinkind:* Ich bringe das lila Tuch.

Größeres Kind/Jugendliche/r: Lila erinnert mich an das Veilchen und den Flieder.

Erwachsene/r: Hilf diesem Kind zu glauben, dass Jesus auch in schweren Tagen an seiner Seite ist.

L.: Jetzt erkennen wir den Regenbogen, den die sieben Tücher aufleuchten lassen. Der Regenbogen zeigt an, dass Gott es gut meint mit uns Menschen: Er hat sich in seinem Sohn mit allen Menschenkindern verbündet.

(VERÄNDERT UND ERWEITERT NACH: GETAUFT – UND WAS DANN? GOTTESDIENSTE MIT KINDERN UND JUGENDLICHEN AUF IHREM GLAUBENSWEG. WERKBUCH. VERLAG HERDER, FREIBURG 2002, S. 30f)

b) Gesprochene Fürbitten

Gott, du Ursprung allen Lebens. Du willst die Freude des Herzens für alle Menschen. Wir bitten dich:
Oder: Lebendiger Gott! Du bist Mitte und Ziel unseres Lebens. Wir rufen deine Liebe herab auf alle, die hier versammelt sind:

(Bitte auswählen)

1. Wir beten für dieses Kind, dass es an Leib und Seele gesund bleibt und seinen Eltern Freude bereitet.
2. Wir beten für dieses Kind, dass es sich auf seinem Lebensweg an Christus ausrichtet.
3. Lass dieses Kind stets gute Freunde finden, die mit ihm gehen durch alle Höhen und Tiefen des Lebens.
4. Hilf, dass diesem Kind Menschen begegnen, denen es vertrauen kann.
5. Bewege uns, dieses Kind zu einem Menschen zu erziehen, der zwischen richtig und falsch, wichtig und unwichtig, gut und böse unterscheiden kann.
6. Hilf ihm, Schicksalsschläge und Ungerechtigkeiten als Herausforderung zu begreifen, und schenke ihm den nötigen Mut zur Tat.
7. Lass dieses Kind für die Sorgen und Nöte anderer immer ein offenes Ohr haben.
8. Wir beten für dieses Kind und dessen Eltern, Geschwister und Paten: Lass sie miteinander den Weg des Glaubens und der Liebe gehen und dabei Geborgenheit und Freude erfahren.

9. Wir beten für die Eltern und Paten dieses Kindes: Lass sie mit deiner Hilfe glaubwürdige Zeugen deiner Liebe sein.
10. Schenke uns Eltern und Paten mit Geduld und Weitblick, die nicht müde werden, an dieses Kind zu glauben.
11. Wir beten um Gottes Kraft und Hilfe, damit wir zu dem Weg, den unser Kind einschlägt, ja sagen können.
12. Wir beten um Weisheit und Gottes Hilfe, damit unser Leben dieses Kind nicht mit Vorurteilen belastet.
13. Wir beten für alle Kinder und Jugendlichen, dass sie Menschen finden, die ihnen Vorbild sind auf dem Weg zu Gott und im Bemühen um den Frieden in dieser Welt.
14. Wir beten für alle Kinder und Jugendlichen, dass sie eine christliche Gemeinde finden, die sie mitträgt.
15. Wecke in unseren Pfarrgemeinden den verantwortungsvollen Blick für die Kinder und Jugendlichen.
16. Wir beten für unsere Gemeinde und alle christlichen Kirchen: Mache sie froh im Glauben, stark in der Hoffnung und überzeugend in der Liebe.
17. Lass uns durch die Feier dieser Taufe etwas mehr zusammenwachsen als Glieder deiner Kirche, deren Haupt du selbst bist.
18. Lass dein Geschenk der Taufe *allen* Menschen zuteil werden.

c) Besondere Bitten

Einem irischen Segenswunsch nachempfunden

1. Der Herr sei vor dir, um dir den rechten Weg zu zeigen:
   Herr, segne dieses Kind und hilf ihm, dass es gehen lernt
   mit seinen eigenen Füßen auf den Straßen der Erde;
   auf den mühsamen Treppen, auf den Wegen des Friedens;
   auf deiner Spur.
2. Der Herr sei neben dir, um dich in die Arme zu nehmen
   und dich zu schützen:
   Herr, segne dieses Kind und hilf,
   dass es greifen lernt mit seinen eigenen Händen nach deiner Hand;

nach der Hand seines Nächsten; nach dem Brot, um zu teilen;
lass seine Arme für andere Schutz und Geborgenheit sein.

3. Der Herr sei hinter dir, um dich zu bewahren
vor allem Bösen auf der Welt:
Herr, segne dieses Kind und hilf,
dass es reden lernt mit seinen eigenen Lippen
von den guten Dingen des Lebens;
dass es Mut hat, Zeugnis abzulegen für das Gute auf der Welt,
für die Worte deiner Botschaft.

4. Der Herr sei in dir, um dich zu trösten, wenn du traurig bist:
Herr, segne dieses Kind und hilf, dass es sehen lernt
mit seinen eigenen Augen den Trost, den du schenkst
in den Gesichtern anderer Menschen
und in der Schönheit der Schöpfung.

5. Der Herr sei unter dir, um dich aufzufangen, wenn du fällst.
Er sei um dich herum, um dich zu verteidigen.
Der Herr sei immer über dir.
Herr, segne dieses Kind und hilf, dass es hören lernt
mit seinen eigenen Ohren –
auf deine Worte der Hilfe und des Zuspruchs –
auf deine Worte der Wahrheit und der Liebe –
in Zeiten des Glücks und in Zeiten der Not.

Segenslied über ein Kind

1. *A.* Segne dieses Kind und hilf uns, ihm zu helfen,
dass es sehen lernt mit seinen eignen Augen
V. das Gesicht seiner Mutter und die Farben der Blumen
und den Schnee auf den Bergen und das Land der Verheißung.

2. *A.* Segne dieses Kind und hilf uns, ihm zu helfen,
dass es hören lernt mit seinen eignen Ohren
V. auf den Klang seines Namens, auf die Wahrheit der Weisen,
auf die Sprache der Liebe und das Wort der Verheißung.

3. *A.* Segne dieses Kind und hilf uns, ihm zu helfen,
dass es greifen lernt mit seinen eignen Händen

V. nach der Hand seiner Freunde,
nach Maschinen und Plänen, nach dem Brot und den Trauben
und dem Land der Verheißung.

4. *A.* Segne dieses Kind und hilf uns, ihm zu helfen,
dass es reden lernt mit seinen eignen Lippen
V. von den Freuden und Sorgen, von den Fragen der Menschen,
von den Wundern des Lebens und dem Wort der Verheißung.
5. *A.* Segne dieses Kind und hilf uns, ihm zu helfen,
dass es gehen lernt mit seinen eignen Füßen
V. auf den Straßen der Erde, auf den mühsamen Treppen,
auf den Wegen des Friedens in das Land der Verheißung.
6. *A.* Segne dieses Kind und hilf uns, ihm zu helfen,
dass es lieben lernt mit seinem ganzen Herzen.

(LOTHAR ZENETTI, S. AUCH GL 636)

d) Bitten zu den fünf Sinnen des Menschen und mehr

L.: Gott, Vater und Mutter aller Menschen. Wir bitten dich:

1. Du hast N. so herrliche *Augen* gegeben.
Lass sie viel Schönes in deiner farbenfrohen Schöpfung entdecken:
Menschen und Tiere, Bäume und Blumen.
Da ist so viel Anlass zum Lachen, zur Freude, zum Nachdenken!
Lass sie auch die Not der Welt nicht übersehen!
2. Du hast N. die wichtigen *Ohren* gegeben.
Lass sie viel Gutes hören: Worte, die froh machen und ermutigen;
Musik, die die Harmonie deiner Schöpfung zum Klingen bringt;
auch das Rauschen der Bäume, das Singen der Vögel
und vor allem: deine Stimme zwischen den Zeilen.
Lass sie auch den Schrei der Verzweiflung wahrnehmen!
3. Du hast N. einen *Mund* gegeben.
Lass ihn schmecken die Wohltat des Brotes,
den köstlichen Wein und den Kuss der Liebe.
Lass ihn nur Wahres sagen: Worte, die erfreuen und Mut machen
und die Menschen in der Not aufrichten und trösten.

4. Du hast N. so kleine *Hände* gegeben.
   Lass sie uns mit guten Dingen füllen, damit sie wachsen,
   um zärtlich und liebevoll zu sein,
   streicheln und besänftigen können,
   und zupacken lernen, wenn Not herrscht und Hilfe gebraucht wird.
5. Du hast N. *Füße* mit winzigen Zehen gegeben.
   Hilf uns, dass sie laufen lernen auf guten Wegen:
   Wegen zu Freunden, zum Frieden – und vor allem zur Versöhnung.
6. Du hast N. eine *Nase* gegeben.
   Lass sie das Leben einatmen
   und den Duft deiner Schöpfung riechen.
   Schenke ihr einen guten Riecher für das, was heilsam ist.
   Lass sie vor allem unterscheiden können
   zwischen dem Wohlgeruch der Liebe
   und dem Gestank der Gleichgültigkeit und des Krieges.
7. Und du hast N. ein *Herz* gegeben.
   Lass es nicht versteinern, sondern ein Herz aus Fleisch sein,
   das mitfühlt und offen ist für Freude und Schmerz,
   Stacheldraht überwinden kann
   und sich weit öffnet für dich und deine Liebe.

e) Bitten beim Aufkleben von Symbolen auf die Taufkerze

Wenn Sie durch einzelne Kinder die Taufkerze mit Symbolen aus Zierwachs schmücken lassen wollen, eignen sich folgende Wünsche. In Klammern steht jeweils das vorbereitete Symbol.
(Bitte auswählen!)

- *(Kreuz)* Lass dieses Kind nie vergessen, dass es in Jesus einen Freund und Bruder hat, der es durch alle schweren Situationen des Lebens begleiten will!
- *(Hände)* Lass N. gute Freunde finden und Hände, die sich ihm/ihr entgegenstrecken!
- *(Herz)* Schenke N. unerschöpfliche Geduld mit ihren/seinen Mitmenschen – Geduld als die Alltagsform der Liebe!

- *(Sonne)* Gib N. frohen Mut und Humor in allen Lebenslagen!
- *(Ohr)* Gib N. ein offenes Ohr für die leise Stimme Gottes!
- *(Feuerzungen)* Lass N. bereit sein, den Heiligen Geist in sich aufzunehmen und ihn wirken zu lassen!
- *(Baum mit Früchten)* Schenke N. ein Leben, das reiche Frucht bringt!
- *(Wurzeln, die unter den Baum geheftet werden)* Gib N. starke Wurzeln, die im Glauben verankert sind – gegen alle Stürme der Zeit!

f) Fürbitten mit Musik unterlegt

Wir bitten dich, o Gott,
um Leben,
damit wir sehen können, wie unsere Kinder heranwachsen;
um Geduld,
damit wir sie lehren können, ohne sie zu bevormunden;
um Weisheit,
damit unsere Taten sie nicht mit Vorurteilen belasten;
um Liebe,
damit wir sie zu ihrem Ziel führen können;
um Segen,
damit wir zu dem Weg, den sie einschlagen werden,
ja sagen können.

(AUS BOLIVIEN)

Dir, lebendiger Gott, sei Lob und Dank – durch Christus, unseren Herrn.

7. Verschiedene Formen des Glaubensbekenntnisses bei einer Tauffeier

In der Regel wird das Apostolische Glaubenbekenntnis gemeinsam gebetet (vgl. GL 2/5). Oft suchen aber Taufeltern auch einen anderen Text, der gegen alle Routine zum bewussten Nachdenken führen soll. Und weil wir den Text *gemeinsam* beten und es bei der Taufe um eine Eingliederung des Täuflings in die *Gemeinschaft* der Kirche geht, beginnen diese Glaubenbekenntnisse fast alle mit »wir«.
Hier eine Auswahl:

Wir glauben an dich, Gott,
den Ursprung der Welt, den Freund des Lebens.
In deine Hand sind unsere Namen geschrieben.

Wir glauben an dich, Jesus Christus.
Licht von Gott und Licht der Welt.
Wunder der Menschlichkeit, Freund der Sünder.
Dein Leben war ein Lied der Liebe.
In Jesu Worten lag der Klang von Versöhnung.
Gewaltlos wurdest du Opfer im Spielball der Mächte.
Doch Gottes Liebe war und ist stärker als der Tod.
Seine Treue zu uns ist durch nichts zu zerstören.

Wir glauben an dich, Heiliger Geist.
Göttliche Kraft, Quelle der Liebe.
Gemeinschaft über Sprachen und Grenzen hinweg.
Feuer der Propheten.

Wir glauben an deine Kirche als dein Volk
und an die Zukunft und Vollendung in Gott.

Wir glauben an dich, Gott,
der du Liebe bist und Erbarmen.
Aus deiner Hand kommen wir.
Selbst wenn wir stürzen,
fallen wir wieder in deine Hand.
Du hast uns die Erde anvertraut.
Du willst,
dass Gerechtigkeit und Friede von uns ausgehen.

Wir glauben an Jesus Christus, unseren Bruder.
Er zeigt uns den Weg zu dir.
Er hat uns von deiner Barmherzigkeit erzählt,
auf die wir vertrauen können,
wenn wir schuldig werden.
Er leidet mit uns.
Er führt uns aus dem Tod ins Leben,
weil er vom Tod auferstanden ist.

Wir glauben an den Heiligen Geist.
Er eint uns zu einem Volk in seiner Kirche.
Er ist Kraft und Licht auf unserem Weg.

Ich glaube an Gott,
der uns liebt.
Er hat alles erschaffen.

Ich glaube an Jesus Christus.
Er hat gesagt: »Ich und der Vater sind eins.
Wer mich sieht, sieht den Vater.«
Maria hat ihn geboren.
Pontius Pilatus hat ihn kreuzigen lassen
im Auftrag all derer, die Macht haben.
Doch Jesus ist auferstanden vom Tod zum ewigen Leben.

Sein Geist lebt in denen,
die den Weg der Barmherzigkeit gehen.
Sein Geist lebt in denen,
die gerecht sind und Gott vertrauen.
Sein Geist lebt in denen,
die sich auch in der Gemeinschaft der Kirche für ihn öffnen.

(RENATE JOHN)

Wir glauben, dass Gott uns geschaffen hat zum Dienst an seiner Schöpfung. Uns hat er Vertrauen und Mut gegeben, den Menschen zu helfen in ihrer materiellen, geistigen und geistlichen Not. Das Weltall und unser Leben sind sein Werk. Er lenkt die Geschichte und ist auch da mächtig, wo wir sein Wirken nicht wahrnehmen.

Wir glauben, dass Gott in Jesus Christus Mensch wurde. Er lebte wie wir; er war ganz mit Gott verbunden. Er ist getötet und begraben worden, aber wir wissen: Christus lebt. Bei ihm endet alle Schuld. Mit ihm beginnt eine neue Welt ohne Krieg, Hunger und Krankheit. Mit ihm hat Gott uns neues Leben geschenkt. Auch der Tod kann uns nicht von ihm trennen.

Wir glauben, dass Gott uns durch seinen Geist hilft. Durch ihn gibt er uns die Erkenntnis der Wahrheit, Kraft zum Glauben und Mut, für Gerechtigkeit und Frieden einzutreten. Durch ihn schafft er *eine* Kirche für alle Menschen, bis zur Vollendung der Welt in Gerechtigkeit und Frieden.

Wir glauben an Gott, den Vater,
der uns die Schöpfung anvertraut hat.
Wir dürfen von ihr leben, ohne Leben zu zerstören.
Wir glauben an ihn,
der Israel treu war auf seinem langen Weg durch die Zeit
und seinem Volk Propheten sandte, die den Weg wiesen.

Wir glauben an Jesus Christus, seinen Sohn, von Maria geboren.
Er wurde zu uns Menschen gesandt,
um uns zu führen auf den Weg zum Vater.

Von Menschen verurteilt, starb er am Kreuz für uns.
Wir finden mit ihm, dem Auferstandenen, das Leben
– auch über die sichtbare Welt hinaus.

Wir glauben an den Heiligen Geist.
Er ließ die Apostel zu Zeugen werden für Jesus, den Auferstandenen.
Wir sind seine Kirche trotz all unserer Mängel.
Er ruft die Hoffnung in uns wach, dass Gott mit uns ist
über den Tod hinaus.

Wir glauben, dass wir im Leben nicht einsam sind.
Wir glauben, dass Gott bei uns ist:
Wir nennen ihn unseren Vater und unsere Mutter.
Er hat alles erschaffen. Auch uns Menschen.
Wir glauben, dass Gott die ganze Welt
in seinen Händen hält. Er lässt uns nicht allein:

Er hat uns seinen Sohn gesandt, Jesus Christus.
Er wurde für uns gekreuzigt und starb unseren Tod.
Wir glauben, dass er auferstanden ist und lebt
und unser Bruder bleibt.
Wir glauben auch, dass wir unter den Menschen nicht einsam sind.
Wir glauben an die Gemeinschaft in seiner Kirche.

In aller Welt wirkt Gottes Geist.
In allen Rassen und Völkern lebt seine Liebe.
Wir glauben, dass Menschen niemals so tief fallen können,
dass Gott sie nicht auch weiter an sich zieht.
Gott will für uns Menschen das Leben und nicht den Tod,
die Freude und nicht das Leid.
Wir glauben, dass er bei uns ist heute und morgen
und für alle Zeit.

Wir glauben an einen Gott,
der auf krummen Zeilen gerade schreiben kann.
An einen Gott, der warten kann.

Darum glauben wir nicht an das Recht des Stärksten.
An die Sprache der Waffen. An die Macht der Mächtigen.
Vielmehr glauben wir an die offene Hand des Menschen,
an die Gewaltlosigkeit. An die Ohnmacht der dicken Brieftasche.

Wir glauben an einen Gott, der den Menschen Freiheit gegeben hat,
der blutenden Herzens sieht,
wie oft wir diese Freiheit missbrauchen.

Wir möchten nicht glauben, dass Liebe und Freundschaft
immer schief gehen müssen;
dass Worte nur Lügen sind; dass Treue nicht zählt.
Vielmehr glauben wir an eine Liebe, die trägt.
An ein verzeihendes Lächeln. An den neuen Anfang.

Wir glauben an einen Gott, der das letzte Wort spricht.
An einen neuen Himmel. An eine neue Erde.
Darum glauben wir nicht, dass Gutheit Dummheit ist.
Dass wir über Leichen gehen dürfen.

Vielmehr glauben wir an das Weiterleben nach dem Tode.
An ein Wiedersehen mit allen,
die schon deine Barmherzigkeit erfuhren.
An die verschenkte Liebe, die dann zählt.

Wir glauben an Gott,
der das ganze Universum und
jeden einzelnen Menschen erschaffen hat:
Jede und jeder ist sein Kind.

Wir glauben an Jesus Christus
und möchten in Freundschaft mit ihm leben.

Er, der Sohn Gottes, ist Mensch geworden
und hat uns vom Vater im Himmel erzählt.
Er hat sein Leben hergeschenkt – so sehr hat er uns geliebt.
Er ist auferstanden vom Tod und lebt für immer.
Mit ihm werden auch wir einmal auferstehen,
weil er die letzte Tür offen hält.

Wir glauben an den Heiligen Geist.
Er legt uns stärkende Gedanken ins Herz.
Er lässt uns Gottes Plan für uns und die Welt verstehen.
In seiner Kirche helfen wir mit, dass sich Gottes Reich ausbreitet.

(NACH HERDIS KULLMANN)

Wir glauben an Gott,
der die Welt nicht fertig geschaffen hat.
Wir glauben an Gott,
der auch durch unsere Arbeit die Welt verändern will.

Wir glauben an Jesus Christus,
der auferstanden ist von den Toten
und auch in unserem Leben auferstehen will;
damit wir frei werden von Vorurteilen und Anmaßung,
von Angst und Hass.
Er will diese Welt weitertreiben auf sein Reich hin.

Wir glauben an den Geist,
der mit Jesus in diese Welt gekommen ist;
an die Gemeinschaft der Völker –
und an unsere Verantwortung für das,
was aus unserer Erde wird.

Wir glauben an seine Kirche,
die mitwirken soll an einem gerechten Frieden,
an einem sinnvollen Leben für alle Menschen jeden Alters.

Wir glauben an die große Zukunft dieser Welt
im ewigen Lichte Gottes.

(NACH DOROTHEE SÖLLE)

Wir glauben an Gott, den Schöpfer der Welt;
der uns geschaffen hat als Mann und Frau;
der uns in die Freiheit gestellt hat,
Leben zu erhalten, Frieden zu entwickeln
und Sorge zu tragen für den Bestand der Erde.

Wir glauben an Jesus Christus, unseren Herrn,
geboren als Mensch in Israel von Maria.
Erwählt, mit seinem Leben die Nähe Gottes zu bezeugen.
Er verkündigte den Armen die Freundschaft Gottes,
den Gefangenen Freiheit; den Blinden, dass sie sehen;
den Unterdrückten Befreiung.
Er litt, wurde gefoltert und getötet am Kreuz
unter Pontius Pilatus.
Dann aber auferweckt zum Leben und zur Hoffnung für alle.

Wir glauben an den Heiligen Geist,
die Kraft des neuen Lebens in Jesus Christus.
Er stärkt uns und steht uns bei,
unsere Aufgabe auf dieser Erde zu erfüllen.

Wir glauben an die Gemeinschaft der Christen in seiner Kirche,
berufen, die Botschaft Jesu allen Menschen auf Erden zu verkünden.
Wir setzen unsere Hoffnung auf das Reich Gottes
in dieser und in der kommenden Welt.

Wir glauben an Gott,
den Schöpfer des Himmels und der Erde;
der die Welt erhalten will gegen alle Unvernunft.

Wir glauben an Jesus Christus, Gottes menschgewordenes Wort.
Er verkündete den Bedrängten und Unterdrückten
das Reich Gottes.
Er verbindet die Erde mit dem Himmel.
Er wurde aus Angst und mangelndem Vertrauen
dem Tod ausgeliefert.
Aber er stand von den Toten auf,
um weiter zu wirken an unserer Befreiung.

Wir glauben an den schöpferischen Geist Gottes,
der uns zu Mitstreitern berufen hat.
Er will unseren Einsatz
gegen alle tödliche Bedrohung der Menschen
und gegen lähmende Ohnmacht.
Er will, dass wir für die Gerechtigkeit kämpfen.

Wir glauben an die Gemeinschaft der weltweiten Kirche;
an die Vergebung der Sünden
und nach dem Leben in dieser Welt an ein ewiges Fest.

Wir glauben an Gott, den Mutter-Vater-Geist,
der die Welt ins Leben rief.

Wir glauben an Gott, der aus Liebe zu seiner Schöpfung
in seinem Sohn in die Welt kam,
um unser Menschsein zu teilen in Freude und Verzweiflung.

Wir glauben an Gott,
der uns in die Gemeinschaft der Kirche lädt,
damit wir seine Gnade erfahren im Hier und Heute;
damit wir unserer Verantwortung als Menschen nachkommen
und auf unseren Nächsten zugehen.

Wir glauben an Gott, der in dieser Welt durch Frauen
und Männer gegenwärtig und an der Arbeit ist.
Wir spüren Gottes Plan in jedem Funken Licht,

wo Menschen darum kämpfen,
der Erde ein menschliches Gesicht zu bewahren.

Wir glauben an Gott, den Vater: an die Allmacht der Liebe.
Er ist der Schöpfer des Himmels und der Erde
und des ganzen Universums mit all seinen Geheimnissen.
Er kennt uns von Ewigkeit her
und vergisst uns nicht in Zeit und Raum.

Wir glauben an Jesus Christus, den geliebten Sohn Gottes.
Er hat aus Liebe zu uns das Leben mit uns geteilt.
Die Finsternis dieser Welt hat das Licht aus der Höhe
nicht begriffen:
Er wurde ans Kreuz geschlagen.
Und er ist gestorben und begraben worden.
Aber er ist auferstanden, ein für alle Mal.
Er hält uns einen Platz bereit
im Haus seines Vaters, in dem er jetzt wohnt.

Wir glauben an den Heiligen Geist,
der immer wieder neu Leben schenkt.
Den Propheten unter uns ist er Sprache, Kraft und Feuer.
Ich glaube, dass wir gemeinsam als Pilger unterwegs sind,
gerufen und versammelt, um Gottes heiliges Volk zu werden.
In seiner Kirche können wir immer wieder neuen
Mut zur Liebe finden und zu Taten der Gerechtigkeit.

Wir glauben an das ewige Leben;
an die Liebe, die stärker ist als der Tod;
an einen neuen Himmel und eine neue Erde.
Bis die Herrlichkeit Gottes sichtbar wird
und alle Menschen in Frieden leben dürfen.

Zuletzt noch ein persönliches Glaubensbekenntnis, das sich an ein Lied anlehnt:

Herr, auch wenn ich Angst habe,
will ich sagen: Ich vertraue auf dich.
Auch wenn ich alleine dastehe,
will ich sagen: Du bist bei mir.

Herr, auch wenn es dunkel um mich wird,
will ich sagen: Ich glaube an dein Licht.
Auch, wenn ich nicht mit dir sprechen will,
will ich sagen: Du bist mein Freund.

Herr, auch wenn ich einmal in Not bin,
will ich sagen: Du gibst mir das tägliche Brot.
Auch, wenn ich mich schwach fühle,
will ich sagen: Du gibst mir Kraft.

Herr, auch wenn es still um mich ist,
will ich sagen: Du bist mir ganz nahe.
Auch, wenn alles gegen dich spricht,
will ich sagen: Ich glaube an dich.

8. Meditationen, Wünsche, Segensgebete

Oft lieben es Eltern und Paten, eine Meditation in den Ritus einzubringen. Da gibt es sehr schöne passende Texte. Sie sollten mit der Taufspenderin/dem Taufspender vorher überlegen, an welcher Stelle der Text so eingefügt werden kann, dass er in den Rahmen der Taufe passt.

Tauflied

Kein Paradies können wir dir geben
in dieser Welt, kleines Menschenkind
  aber die Eltern und deine Verwandten
  sie lieben dich sehr
  aber die Paten, die Freunde und Nachbarn,
  sie stehen dir bei
  aber die Menschen aus dieser Gemeinde
  sie gehen mit dir

Kein Schloss von Gold können wir dir schenken
kein Zauberwort, kleines Menschenkind
  aber den Namen des ewigen Gottes
  der will, dass du bist
  aber das Zeichen, in dem du erlöst bist
  das Kreuz auf der Stirn
  aber das Wasser der Taufe zum Leben
  das strömt über dich

Kein Horoskop können wir dir zeigen
aus lauter Glück, kleines Menschenkind
  aber die Hoffnung, zu der du gesalbt bist
  ein Christ sollst du sein
  aber die Liebe, sie soll dein Gewand sein
  das kleidet dich gut

aber den Glauben, das Licht auf dem Leuchter
so leuchte auch du

(LOTHAR ZENETTI)

Und eine Frau, die einen Säugling an der Brust hielt, sagte:
Sprich uns von den Kindern.
Und er sagte:
Eure Kinder sind nicht eure Kinder:
Sie sind die Söhne und Töchter
der Sehnsucht des Lebens nach sich selber.
Sie kommen durch euch, aber nicht von euch;
und obwohl sie mit euch sind, gehören sie euch doch nicht.
Ihr dürft ihnen eure Liebe geben, aber nicht eure Gedanken,
denn sie haben ihre eigenen Gedanken.
Ihr dürft ihren Körpern ein Haus geben, aber nicht ihren Seelen,
denn ihre Seelen wohnen im Haus von morgen,
das *ihr* nicht besuchen könnt –
nicht einmal in euren Träumen.
Ihr dürft euch bemühen, wie sie zu sein,
aber versucht nicht, sie euch ähnlich zu machen.
Denn das Leben läuft nicht rückwärts,
noch verweilt es im Gestern.
Ihr seid die Bogen, von denen eure Kinder
als lebende Pfeile ausgeschickt werden.
Der Schütze sieht das Ziel auf dem Pfad der Unendlichkeit
und er spannt euch mit seiner Macht,
damit seine Pfeile schnell und weit fliegen.
Lasst euren Bogen von der Hand des Schützen
auf Freude gerichtet sein;
denn so wie er den Pfeil liebt, der fliegt,
so liebt er auch den Bogen, der fest ist.

(KHALIL GIBRAN)

(Mehr für eine Kindertaufe geeignet)

Sie sind der Anfang und das Licht, doch wir sehn es nicht.
Sie sind das Wort, das niemals bricht; doch wir verstehn es nicht.
Sie haben Herzen, die ergreifen jede Hand, die gibt,
und öffnen sich dem, der sich zeigt und ihnen Liebe gibt.
Jedes Kind braucht einen Engel, der es schützt und der es hält.
Jedes Kind braucht einen Engel, der es auffängt, wenn es fällt.

Sie sind das Wasser und die Kraft, doch wir beugen sie.
Die Kraft, die neues Leben schafft, doch wir beschneiden sie.
Sie haben Augen, die können viele Sonnen sehn;
doch wer sie bricht, der wird in ihnen seinen Schatten sehn.
Jedes Kind braucht einen Engel, der es schützt und der es hält.
Jedes Kind braucht einen Engel, der es auffängt, wenn es fällt.

Sie sind der Boden, der uns trägt, doch wir belächeln sie.
Das Grün, das aus den Zweigen schlägt, doch wir zerbrechen sie.
Sie sind die Zukunft, doch wir sperren ihre Träume ein
und sehen fassungslos, aus unsern Mauern stammt der erste Stein.
Jedes Kind braucht einen Engel, der es schützt und der es hält,
der es auffängt, wenn es fällt. Jedes Kind braucht einen Engel.

(TEXT UND MUSIK KLAUS HOFFMANN – VERLAG STILLE MUSIC GMBH)

Das Kind, der Täufling, könnte jetzt sprechen:
Ich bin da. Ich habe es geschafft.
Es war schwer und ich hatte Angst.
Aus der wohligen Wärme kam ich in die Kälte,
aus dem geborgenen Dämmern in ein helles Licht.

Nun hänge ich zwischen Himmel und Erde und ringe nach Luft.
Nichts anderes kann ich als schreien.
Ich schreie – und atme endlich.
Ich bewege Arme und Beine;
auf einmal habe ich Platz, viel Platz.
Ich kann mich nirgends festhalten,

und nichts umgibt mich, ich bin ganz allein.
Nichts anderes kann ich als schreien.
Da umfasst mich etwas, warm und leicht,
und streichelt mich.
Ich höre die Stimmen, die ich schon lange kenne.
Da bin ich ganz still und ich weiß:
Jetzt ist alles wieder gut.

Unser Täufling könnte weiter sprechen:
Ich sehne mich nach einer Hand, in der ich mich bergen kann;
die sich zärtlich um mich legt und mich wärmt und schützt,
wenn Angst und Kälte mich bedrohen.
Ich suche nach einer Hand,
die mich liebend trägt über alle Abgründe hinweg;
die mich hält, wenn der Boden unter den Füßen schwindet.
Ich taste nach einer Hand, die mich sicher führt
in den Dunkelheiten des Lebens,
die mich aufrichtet, wenn ich falle.
Ich brauche eine Hand, der ich mich blind anvertrauen kann,
auf die ich mich einlassen
und verlassen kann, wenn ich in Not bin.
Ich sehne mich nach einer Hand, die mich in Liebe an sich zieht,
die mich tröstet und meine Tränen abwischt,
die mich zärtlich berührt und mich heilt,
wenn ich einsam, traurig oder krank bin.
Ich möchte spüren die Hand, die mir die Augen öffnet
und mir die Gewissheit schenkt,
dass du, Gott, mir deine Hand schon immer entgegengestreckt hast.

Ich wünsche dir Augen, die die kleinen Dinge des Alltags
wahrnehmen und ins rechte Licht rücken.
Ich wünsche dir Ohren,
die die feinen Schwingungen und Untertöne
im Gespräch mit anderen aufnehmen.

Ich wünsche dir Hände, die nicht lange überlegen,
ob sie helfen und gut sein sollen.
Ich wünsche dir zur rechten Zeit das richtige Wort.
Ich wünsche dir ein liebendes Herz,
von dem du dich leiten lässt.

Ich wünsche dir: Freude – Liebe – Glück –
Zufriedenheit – Gelassenheit – Demut.
Ich wünsche dir Güte –
Eigenschaften, die dich das werden lassen,
was du bist und immer wieder werden willst –
jeden Tag ein wenig mehr.
Ich wünsche dir genügend Erholung und ausreichend Schlaf;
Arbeit, die Freude macht; Menschen, die dich mögen
und dich bejahen und dir Mut machen;
Menschen, die dich bestätigen;
aber auch Menschen, die dich anregen,
die dir Vorbild sein können;
die dir weiterhelfen, wenn du traurig bist und müde und erschöpft.
Ich wünsche dir viele gute Gedanken
und ein Herz, das überströmt in Freude
und diese Freude weiterschenkt.

Wenn ein Kind zur Welt kommt,
so kommt eine neue Welt zur Welt;
ein ganzer Kosmos kommt neu zur Welt.
Denn jeder Mensch ist eine ganz neue Schöpfung,
und kein Kind ist wie das andere.
Jedes Kind ist einmalig, wie jeder von uns.

Die schönste Gabe Gottes an die Eltern
und überhaupt an uns alle ist ein neugeborenes Kind.
Eine solche Gabe, wie jede Gabe, ist auch Aufgabe.
Und eine solche Aufgabe kann von Eltern

allein gar nicht bewältigt werden.
Wir leben alle in dieser Welt nicht auf einer Insel
und darum müssen wir einen Raum schaffen in dieser Welt,
in dem ein Menschenkind gedeihen kann;
Mensch werden kann; Christ sein darf.

Herr, wir bitten dich um diesen Raum
für dieses Kind und alle Kinder,
damit sie leben, Heimat finden, ein Umfeld, ein Klima,
um Mensch, um Christ werden zu können.

Gott, schenke unserem Kind *Augen*, die sehen;
ein Gesicht, das sich vorsieht
und manches nachsieht – und Visionen hat.

Gott, öffne unserem Kind die *Ohren* zum Hören,
dass sein inneres Gehör wach wird:
bereit zum Gehorsam, folgsam *deinem* Wort.

Gott, lass seine *Nase* Spuren aufnehmen,
Spuren der Tradition und des Wahren, Schönen, Guten!
Lass es ein Gespür entwickeln für andere und die Not in der Welt!

Gott, bewege seinen *Mund* zum Reden und Loben,
Trösten und Singen, Danken und Raten!
Gib ihm Geschmack an den Speisen und der Kultur des Lebens!

Gott, lehre unser Kind, wann seine *Hände*
sich schließen und zupacken,
wann sie sich öffnen und ruhen sollen!
Lege in seine Hände ein Gefühl für die Menschen.

Gott, gib unserem Kind *Füße*, die eilen zu guten Zielen;
es tragen auch auf schwierigen Wegen,
dass es einen eigenen festen Standpunkt entwickle!

Gott, schaffe in ihm ein *Herz*, das stets schlage
in Gesundheit und Harmonie, voller Glauben und Vertrauen,
bis es am Ende Ruhe finde in dir!

Kleiner Mensch, du großes Wunder,
wir wissen vieles von dir,
aber du bleibst ein Geheimnis.
Kein anderer ist genauso wie du.
Dich gibt es nur ein einziges Mal auf der Welt.
Kleiner Mensch, du großes Geschenk, du gehörst zu uns,
aber du gehörst uns nicht.
Dir gehört alles von uns, solang du es brauchst.
Kleiner Mensch, du große Hoffnung, du gehörst dir selbst
und der heiligen Schöpferin Liebe,
auch wenn du es noch nicht weißt.
Wir bitten um Mut und Geduld.
Wir bitten um Vertrauen und Kraft.
Wir bitten um Güte und Weisheit;
damit du dich annimmst, so wie du bist;
damit du die zarte und mächtige Stimme der Liebe hörst
und ihr angehörst.
In jedem Kind träumt Gott den Traum der Liebe;
in jedem Kind blüht Hoffnung, wächst die Zukunft;
in jedem Kind wird unsere Erde neu.

Liebes Menschenkind!
Du bist nicht da
für Industrie und Produktion, für Konto und Konsum.
Du bist da, um Mensch zu sein.
Du bist geschaffen für das Licht, für die Freude;
um zu lachen und zu singen, um zu leben in Liebe;
um da zu sein für das Glück der Menschen um dich herum.
Du bist geschaffen nach dem Bild eines Gottes, der Liebe ist.

Mit Händen, um zu geben,
mit einem Herzen, um zu lieben,
und mit zwei Armen – gerade so lang,
um einen anderen zu umarmen.

Ein Kind, das ständig kritisiert wird, lernt zu verurteilen.
Ein Kind, das geschlagen wird, schlägt selber zu.
Ein Kind, das verächtlich gemacht wird, wird schüchtern und scheu.
Aber ein Kind, das ermutigt wird, lernt sich selbst zu vertrauen.
Ein Kind, das Toleranz erfährt, lernt geduldig zu sein.
Ein Kind, das gelobt wird, lernt andere anzuerkennen.
Ein Kind, das Fairness erlebt, lernt Gerechtigkeit zu üben.
Ein Kind, das Geborgenheit erlebt, lernt vertrauen zu können.
Ein Kind, das anerkannt und geliebt wird,
kann Liebe in diese Welt weitergeben.

Sind so kleine Hände …
Gib acht, Gott, dass diese *Hände* tasten lernen
und nicht zu einer Faust werden, die sich gegen Schwache richtet.

Sind so kleine *Füße* …
Gib acht, Gott, dass diese Füße gehen lernen
und nicht willenlos den Gleichschritt halten,
sondern den Weg zum Nächsten finden.

Sind so kleine *Augen* …
Gib acht, Gott, dass diese Augen sehen lernen
und nicht blind durch diese Welt gehen.
Lass sie oft leuchten und lachen und wenig weinen.

Sind so kleine *Ohren* …
Gib acht, Gott, dass diese Ohren nicht taub werden
für die Hilferufe von Menschen.
Lass sie hellhörig bleiben, wenn jemand ruft und bittet.

Ist so ein kleiner *Mund* …
Gib acht, Gott, dass dieser Mund sich nicht scheut,
gegen Ungerechtigkeit in dieser Welt zu protestieren.
Lass ihn niemals verstummen oder sprachlos werden.

(Eher im Rahmen einer Erwachsenentaufe:)

Als das Leben am Anfang stand, ließ Gott unzählige Kugeln auf die Erde fallen. Bei ihrem Aufprall zersprangen sie in zwei Hälften. Uneben und frei auseinander geteilt, symbolisieren sie die unterschiedlichen Charaktere zweier Menschen. Doch jede dieser auch noch so verschiedenen Halbkugeln ist für ein Gegenstück bestimmt, so wie auch zwei Menschen füreinander bestimmt sind. Wir alle sind auf der Suche nach unserer anderen Hälfte, eben nach der anderen halben Kugel. Wenn du glaubst, du hast sie gefunden, deine andere Hälfte, dann wirst du feststellen, dass die beiden halben Kugeln oft nur an einer einzigen, kleinen Stelle zueinander passen, was du durch sorgfältiges Drehen und Probieren herausfinden kannst. Es ist ganz natürlich, dass es am Anfang noch hakt und hängen bleibt. Aber genau das macht Sinn – denn: Nicht alles kann von vornherein passen und übereinstimmen.
Nun müssen beide an ihrer halben Kugel arbeiten, schleifen und feilen. Nur langsam und in kleinen Schritten ebnet sich dieser kantige Bruch durch das Geben und Nehmen in der Liebe. Nach vielen Jahren schließlich, wenn sich beide Hälften abgeschliffen haben, lassen sie sich fast reibungslos zu einer Kugel formen. Aber eben nur fast, genau passen – wie am Anfang unserer Zeit – darf es nie, sonst verliert man seine Persönlichkeit und das, was diesen Menschen an deiner Seite ausmacht. Mein(e) Liebe(r) vergiss nie: Du sollst nicht an seiner, sondern stets an *deiner eigenen* Hälfte feilen!

Die sieben Flammen *(eher im Rahmen einer Erwachsenentaufe)*
(Dazu können, entsprechend dem Text, die Kerzen an einem siebenarmigen Leuchter entzündet werden.)

Wie ein jeder weiß, wohnen *sieben Flammen* im Weltall.
Und sie bilden zusammen die Luft, die wir atmen,
und den Boden unter unseren Füßen; kurzum alles und jedes.
Aber nun wohnen da auch sieben Flammen in jedem Menschen;
denn jeder Mensch ist ein kleines Weltall.
Und deshalb stehen hier sieben Kerzen auf diesem Leuchter.

Die erste Flamme ist die *Flamme der Sonne*,
die die Quelle ist und der Wächter aller Dinge.
So wird auch jedes Kind ein wenig aus der Sonne geboren
und von der Sonne beschützt.

Die zweite Flamme ist die *Flamme der Sprache*.
Mit feurigen Worten suchen Menschen einander.
Und eine feurige Zunge, die stammelt,
ist besser als ein kluger Kopf, der schweigt.

Die dritte Flamme ist die *Flamme der Leidenschaft*.
Sie lehrt einen die Liebe; sie erfasst einem den ganzen Leib,
so dass ein Mensch eine brennende Seele wird;
ein lodernder Baum, der heil bleibt.

Die vierte *Flamme* ist die *von Hunger und Durst*,
wie geschrieben steht:
Hunger ist das Feuer, das Steine verschlingt.
Durst ist ein Feuer, nicht auszulöschen von einem Meer.

Die fünfte Flamme ist die *Flamme der Musik* –
man kann sie in den Ohren haben, um damit zu hören;
und im Mund, um damit zu singen;
in den Händen, um damit zu spielen;
und in den Füßen, um damit zu tanzen.

Die sechste Flamme ist die *Flamme der Hoffnung*,
die aus Menschen Kinder, Landstreicher und Propheten macht,
so dass sie singen: Siebzig Mal sieben Bäume
werden blühen, wo wir wohnen;
Licht wird auf dem Wasser schäumen.

Die siebte *Flamme* ist *Gott*,
der seine Funken aussendet in alles, was lebt –
bis in den Himmel und in den Abgrund.

Ich hoffe, dass N. N. ein Mensch wird,
aus dem Flammen schlagen und die Funken sprühen.

(NACH HUUB OOSTERHUIS)

Grüße ans Patenkind

Mein liebes Patenkind! Ich will dir schreiben,
dass ich mit den Gedanken bei dir bin.
Denn wenn wir zwei nicht in Verbindung bleiben,
dann hat die Patenschaft ja keinen Sinn.

Ich möchte schließlich deinen Weg begleiten.
Du weißt, ich kann es meistens nur von fern.
Da gibt es manchmal manche Schwierigkeiten.
Doch, wo ich helfen kann, helf ich dir gern!

Ob dir zum Lachen ist, ob mal zum Weinen:
Du kannst mir immer sagen, was du denkst.
Ich freue mich, wenn du im Allgemeinen
und im Besonderen mir Vertrauen schenkst.

Ich werd es nicht verquatschen und verpetzen;
abscheulich handelt, wer sich so benimmt!
Und mich in deine Lage zu versetzen:
Herzlich versuchen will ich es bestimmt!

Vielleicht kann ich dich trösten, kann dir raten
in manchem, was geschieht und was geschah.
So sehe ich die Pflichten eines Paten:
Wenn du mich brauchst, dann bin ich für dich da.

(FRIEDRICH MORGENROTH)

Segensgebete

Guter Gott! Wir Eltern und Paten bringen dir diese Kinder,
deine wunderbaren Geschenke,
damit du ihren Namen in deine Hand schreibst.
Trage du diese unsere Schätze durchs Leben –
wie du es uns allen in deinem Sohn versprochen hast.
Segne ihren Mund, dass unsere Kinder genug lachen dürfen
und die Sprache der Menschen und des Herzens erlernen können.
Segne ihre Hände und Füße, dass sie nicht stolpern
in den Ärgernissen dieser Welt
oder die Fäuste ballen müssen bei zu viel Ungerechtigkeit.
Und wenn die Macht der Sünde sie einmal überwältigt,
dann führe deine Hand sie wieder zurück auf den Weg,
den du für richtig hältst.
Und leite uns alle zu dem Ziel, der Gemeinschaft mit dir.

Mein Kind!
Der Herr sei vor dir, um dir den rechten Weg zu zeigen.
Der Herr sei neben dir, um dich in die Arme zu schließen;
um dich zu schützen vor Gefahren.
Der Herr sei hinter dir, um dich zu bewahren
vor der Heimtücke des Bösen.
Der Herr sei in dir, um dich zu trösten,
wenn du traurig bist.
Der Herr umgebe dich wie eine schützende Mauer,
wenn andere über dich herfallen.
Der Herr sei über dir, um dich zu segnen.
So segne dich der gütige Gott –
heute und morgen und immer!

Du, Gott, segne die *Hände* unseres Kindes, dass sie behutsam seien:
dass sie halten können, ohne zur Fessel zu werden;
dass sie geben und empfangen können ohne Berechnung;
dass ihnen die Kraft innewohne, zu trösten und zu segnen.

Du, Gott, segne die *Augen* unseres Kindes,
dass sie Bedürftigkeit wahrnehmen;
dass sie das Unscheinbare nicht übersehen;
dass sie hindurchschauen durch das Vordergründige;
dass sich andere wohl fühlen unter ihren Blicken.

Du, Gott, segne die *Ohren* unseres Kindes,
dass sie deine Stimme zu erhorchen vermögen;
dass sie hellhörig seien für die Stimme der Not;
dass sie verschlossen seien für den Lärm und das Geschwätz;
dass sie das Unbequeme nicht überhören.

Du, Gott, segne den *Mund* unseres Kindes, dass er dich bezeuge;
dass nichts von ihm ausgehe, was verletzt und zerstört;
dass er heilende Worte spreche; dass er Anvertrautes bewahre.

Du, Gott, segne das *Herz* unseres Kindes,
dass es Wohnung sei für deinen Geist;
dass es Wärme schenken und bergen kann;
dass es reich sei an Verzeihung;
dass es Leid und Freude teilen kann.

Stärke unser Kind und segne es, Gott,
damit es in deinem Geist diese Welt zu gestalten vermag.

Segne die Kinder!

Segne meine Kinder, Herr!
Segne ihre Träume:
die Träume von einem schönen Leben;
die Träume von Frieden und Eintracht;
die Träume von Geborgenheit und Liebe;

die Träume von einer anderen Welt.
Segne ihr Verlangen, Herr:
ihr Verlangen nach Gerechtigkeit;
ihr Verlangen nach Wohlstand;
ihr Verlangen nach Entwicklung;
ihr Verlangen nach Wissen und Arbeit.
Segne ihren Körper, Herr:
ihren Körper, der reift;
ihren Körper, der sie stolz und auch unsicher macht;
ihre Augen, damit sie das Schöne sehen;
ihre Ohren, damit sie das Richtige hören;
ihren Geist, damit sie Recht und Unrecht unterscheiden;
ihre Hände, damit sie das Richtige tun
und zugreifen, wo Hilfe Not tut.
Segne ihre Beine, Herr,
damit sie den Weg zu dir gehen und nicht stolpern.
Segne meine Kinder, Herr! Segne die Kinder!

9. Gebete um die Zeit der Geburt und der Taufe

Gebet der Eheleute füreinander

Danke, Herr, dass wir uns gefunden haben. Danke, dass wir gesund sind und unsere Zukunft planen können. Hilf uns auf dem Weg, uns gegenseitig glücklich zu machen! Steh uns in Stunden der Prüfung und Versuchung bei und lass uns spätestens abends die Kraft zur Versöhnung aufbringen! Erhalte unsere Liebe – auch wenn wir einander enttäuschen. Mache unsere Ehe zu einem Ort der Geborgenheit, in der ein Kind (Kinder) ohne Angst aufwachsen kann (können) …

Gebet einer Mutter nach der Geburt

Danke, Herr, für dieses Geschenk in meinen Armen. Du vertraust es unserer Liebe an. So hilf uns auch, deine Liebe richtig weiterzugeben. Schenke uns die Bereitschaft, uns stören zu lassen. Lass uns geduldig sein und nicht zu viel mit strafendem Blick ersticken. Mach uns stark, es seine eigenen Wege entdecken und gehen zu lassen. Und lass uns in seiner Nähe sein, wenn es überfordert ist …

Gebet eines Vaters nach der Geburt

Danke, Gott, für dieses gesunde Kind, dieses kleine Wunder, ein Abbild deiner Liebe. Lass es wachsen und reifen auf seinem Weg durch Sonne und Regen, durch Freude und Leid, durch Glück und Dornen! Lehre uns, wie du es auch getan hast, Versagen zu verzeihen! Wenn es herrschen will, soll es zuerst sich selbst beherrschen lernen. Gib ihm die Kraft, mit Belastungen fertig zu werden und froh in die Zukunft zu schauen! Schenke ihm die Zärtlichkeit der Seele und den Mut zum Dienen!

(NACH DEM GEBET EINES VATERS AUS TAIWAN)

Gebet bei einem behinderten Kind

Herr, wir haben ein behindertes Kind. In dieser großen Belastung für unsere Familie begleite du uns jetzt in besonderer Weise: Bewahre uns vor der Gefahr, die Lebensfreude zu verlieren! Lass es auf unser Lächeln antworten und jedes gute Wort wie einen Sonnenstrahl ins Herz aufnehmen! Schenke uns Freude an jedem kleinen Fortschritt! Lass es uns (und den Geschwistern) ans Herz wachsen! Geh du mit auf den vielen Wegen zu Ärzten und Therapeuten! Stärke uns, wenn wir die gaffenden Blicke der Leute ertragen müssen! Du hast dich immer besonders um Kranke gekümmert, so lege auch jetzt deine Hand auf uns und stärke uns, damit wir diesem Kind gerecht werden können …

Gebet der Eltern

Herr, die Anstrengungen der Geburt sind vorüber und vergessen. Jetzt hat unser Leben neuen Inhalt. Lass uns Zeit genug haben für diesen lebendigen Schatz! Lass uns erleben dürfen, wie unser Kind sich in seinen guten Anlagen entfaltet! Hilf uns, es so wachsen zu lassen, wie du es haben willst! Schenke uns Geduld in den Sorgen und Hoffnungen, in den Antworten auf seine Fragen! Stärke uns darin, es zu umarmen, wenn es weint – bis es wieder lachen kann! Lass es von Tag zu Tag mehr lernen, sein Leben selbst in die Hand zu nehmen! Gib ihm einen Glauben, der wirklich sein Denken und Tun durchdringt, einen Beruf, der Freude macht, und die Rückkehr auf den richtigen Weg, wenn es in die Irre gegangen ist …

Gebet vor der Taufe

Herr, heute schenken wir dir unser Kind zurück, damit es noch einmal geboren wird aus dem Wasser und dem Heiligen Geist und unter deinem besonderen Schutz steht. Hilf uns dabei, es im christlichen Glauben zu erziehen, damit es spürt, wie es durch unser Sprechen und Tun an die Hand Christi genommen wird! Ja, segne seine Hände, damit es teilen lernt und hilft, diese Welt friedlich zu ordnen! Schenke ihm ein waches Gewissen, das Gut und Böse unterscheiden, und ein Herz, das lieben und verzeihen kann! So lass uns zu einer Familie zusammenwachsen, die von deiner Gesinnung und Barmherzigkeit getragen ist!

10. Segnen statt taufen?

Wie Sie zu einer schrittweisen Eingliederung in die Gemeinschaft stehen, weiß ich nicht. Hier nur ein paar Tipps zu einer Segensfeier:
Manche der Ansprachen vorne können als gute Hinführung abgeändert werden, wie die Nummern 1–9, 12, 16, 21–23, 29–31, 34, 45, 46, 57, 60, 64 und andere. Es sollte nicht unterlassen werden: die Frage an die Eltern, ob sie die Segnung wollen. An die eigene Taufe erinnern! Die Besprengung mit Weihwasser. Eine Erklärung zum Namenspatron, der auch die Hand über das Kind hält.
Die Segnung bezieht ein:

Stirn: N., Jesus segne dich, dein Denken und Fühlen, damit du dich einmal dankbar verneigst vor allen, die dich wachsen lassen!

Augen: Gott segne deine Augen, damit du das Gute und Schöne in der Welt sehen kannst und auch das Staunen lernst!

Ohren: Gott segne deine Ohren, damit du hellhörig wirst für das, was wichtig und geheimnisvoll ist!

Mund: Gott segne deinen Mund, damit du Worte sprichst, die gut tun, die heilen und Gutes bewirken!

Hände: Gott segne deine Hände, damit du andere streicheln, ihnen helfen und sie ganz fest lieb haben kannst!

Füße: Gott segne deine Füße, damit du die Welt erobern kannst und auch zu denen findest, die in Not sind oder ein tröstendes Wort brauchen!

Herz: Gott segne vor allem dein Herz, dass es die Liebe weitergibt und fest auf Gott vertrauen lernt!

Danach bezeichnen alle das Kind mit einem Kreuzchen auf die Stirn und sprechen: »N., Gott segne dich!« oder: »Jesus hat dich lieb!«
Gegen eine Salbung mit Katechumenenöl spricht nichts, da das Kind bzw. die Eltern in seinem Namen sich ja formal um eine Taufe bewerben.
Fürbitten, Vaterunser und Lieder gehören natürlich dazu.

(ZUM TEIL NACH GERALD GUMP IN »GOTTESDIENST« 8/05, S. 61)

Register der eingesetzten Symbole und Zeichen

Die Zahlen beziehen sich auf die *Nummer* der Ansprache.

Schriftstellenverzeichnis

Die Verweise beziehen sich auf die *Nummer* der Predigt. Die Parallelstellen der Synoptiker sind nicht angegeben. (Achtung: Nicht alle Ansprachen haben eine Schriftstelle!)

Quellennachweis

Trotz intensiver Bemühungen ist es uns nicht gelungen, alle Rechteinhaber zu ermitteln. Eventuelle Hinweise erbitten wir an den Verlag.

S. 104f: Lothar Zenetti, Sollen wir's taufen lassen, aus: Lothar Zenetti, Die wunderbare Zeitvermehrung, Sankt Ulrich/Wewel Ausgsburg (www.sankt-ulrich-verlag.de)

S. 114ff: Hubertus Halbfas, Vom Wasser des Lebens, aus: Hubertus Halbfas, Der Sprung in den Brunnen. 10. Auflage 1990, S. 40–43. © Patmos Verlag GmbH & Co. KG, Düsseldorf.

S. 117f: Paul Schruers, Ohne Gott können wir nicht leben, aus: Paul Schruers, Kleine Glaubensschule für junge Leute. © Verlag Neue Stadt, München 1981, S. 27f.

S. 119: Gerhard Eberts, Sich verwandeln lassen, aus: Gerhard Eberts, Jugendgottesdienste. Die Heiligen der Kirche. Band 5. © rex verlag luzern, 1983, S. 112.

S. 135f: Lothar Zenetti, Segenslied über ein Kind, aus: Lothar Zenetti, Auf Seiner Spur. Texte gläubiger Zuversicht (Topos plus Band 327) ^{4}2006, S. 90.

S. 149f: Lothar Zenetti, Tauflied (leicht verändert), aus: Lothar Zenetti, Auf Seiner Spur. Texte gläubiger Zuversicht (Topos plus Band 327) ^{4}2006, S. 88.

S. 150: Khalil Gibran, Und eine Frau ..., aus: Khalil Gibran, Der Prophet, 2003. © Patmos Verlag GmbH & Co. KG, Düsseldorf.

S. 159: Friedrich Morgenroth, Grüße ans Patenkind, aus Friedrich Morgenroth, Sag es mit Versen. © Panorama Verlag, Wiesbaden.